中等职业学校年级主题教育丛书

丛书策划　云南省旅游学校
总　主　编　范德华　林　尧　周利兴

就业创业教育读本

林　尧　杨锡山　主编

云南大学出版社

图书在版编目（CIP）数据

就业创业教育读本/林尧，杨锡山主编. —昆明：
云南大学出版社，2010
（中等职业学校年级主题教育丛书/范德华，林尧，
周利兴主编）
ISBN 978 - 7 - 5482 - 0059 - 8

Ⅰ. ①就… Ⅱ. ①林…②杨… Ⅲ. ①职业选择—专
业学校—教材 Ⅳ. ①G718.3

中国版本图书馆 CIP 数据核字（2010）第 056476 号

就业创业教育读本

林 尧 杨锡山 主编

责任编辑： 熊晓霞 王 昱
封面设计： 夏雪梅
出版发行： 云南大学出版社
印 装： 云南国浩印刷有限公司
开 本： 787mm×1092mm 1/16
印 张： 11.25
字 数： 250 千
版 次： 2010 年 4 月第 1 版
印 次： 2010 年 4 月第 1 次印刷
书 号： ISBN 978 - 7 - 5482 - 0059 - 8
定 价： 23.00 元

社 址： 云南省昆明市一二一大街 182 号
云南大学英华园内（邮编：650091）
发行电话：（0871）5033244 5031071
网 址： http://www.ynup.com
E - mail： market@ynup.com

编 写 说 明

云南省旅游学校从 2009 年 9 月开始实施年级主题教育，即在一年级进行成人教育，二年级进行成才教育，三年级进行就业创业教育。对中等职业学校学生（后文简称"中职学生"）进行年级主题教育，是根据教育部、中央宣传部、中央文明办、人力资源社会保障部、共青团中央、全国妇联等六部委在《关于加强和改进中等职业学校学生思想道德教育的意见》的精神，在开展"三生教育"的基础上，由云南省旅游学校校长范德华提出的加强和改进中职学生德育工作的新思路，是对中职学生思想教育的创新，是新形势下加强和改进中职学生思想教育的有力举措。旨在通过年级主题教育，帮助学生培养成人、成才的因素，提高学生就业创业的能力、就业率和就业质量，促进学生成人、成才，促进学生全面发展，使学生更能适应社会和职业的要求，成为合格的社会主义事业的建设者和接班人。为了使年级主题教育有一个统一的要求，我们组织编写了该套丛书。本丛书由云南省旅游学校策划，范德华、林尧、周利兴任丛书总主编。

《就业创业教育读本》由林尧、杨锡山担任主编，王霞、张强担任副主编，参加编写的有：主题一，王霞、王思婕；主题二，周建敏、周燕；主题三，程艳艳、林尧；主题四，张强、杨锡山；附录，周利兴、朱丽丽、杨光明。本书由丛书主编提出全书的框架和写作思路，杨锡山、张强对全书的基础知识、拓展阅读和活动方案作必要的协调处理。编写过程中，得到了云南省旅游学校领导的大力支持，在此表示感谢。

由于编者水平有限和时间较紧，书中难免有不妥之处，切盼读者指正。

编写组
2010 年 3 月

目　　录

主题一 生涯规划的设计与实施

有一只可以活 9 次的猫，它曾经活了 5 次，也死了 5 次，最后它拒绝第 6 次复活。

猫的第一世，是皇帝的宠物。它享尽了荣华富贵，却不快乐，因为它整日只能生活在笼子里，没有自由。

猫的第二世，是船长的猫，它游历了整个世界，却不快乐，因为航行是船长的梦想，而不是它自己的。

猫的第三世，是驯兽师的最好搭档。它可以骑脚踏车穿过有火圈的钢丝绳，驯兽师为此非常自豪。猫却不快乐，因为它觉得自己只是主人赚钱的工具。

猫的第四世，是敬老院的宠物。老人们轮流抱它、宠它，它却不快乐，因为这不是它想要的生活。

直到有一天，它遇到了一只普通的小花猫，它才清醒地意识到：自己想要的生活，就是娶这只小花猫，和她共度一生。于是，猫通过种种努力，终于实现了这个梦想，和小花猫组建了一个家庭，并且有了许多孩子。它们全家幸福的生活在一起，直到猫和小花猫一起老去……

这一次猫没有再选择复活。因为拥有自己的梦想，并为梦想努力拼搏一生，一次就已经足够。

猫的故事寓意着每个人的一生中都要面对的一个重要问题："我要成为什么样的人？"近年来，生涯规划成为一个热门话题，正是因为它可以帮助人们在应对激烈的社会竞争时，在环境变化前洞察先机；帮助人们拓展知识，并通过规划认识自我，进而整合生涯信息，找到适合自己的生涯路径，从而为"我要成为什么样的人"理清思路和努力方向。那么生涯规划究竟是什么？应该怎样制订生涯规划呢？

基 本 知 识

一、中职学生职业生涯规划

（一）中职学生职业生涯规划的意义及内容

1. 职业生涯规划及其意义

职业生涯规划简称生涯规划，又叫职业生涯设计，是指个人与组织相结合，在对一个职业生涯的主客观条件进行测定、分析、总结的基础上，对自己的兴趣、爱好、能力、特点进行综合分析与权衡，结合时代特点，根据自己的职业倾向，确定最佳的职业奋斗目标，并为实现这一目标作出行之有效的安排。生涯规划的目的绝不仅仅是帮助个人按照自己的条件找到一份合适的工作，实现个人目标，更重要的是帮助个人真正了解自己，为自己定下事业大计、筹划未来，拟定一生的发展方向，根据主客观条件设计出合理且可行的职业生涯发展方向。职业生涯伴随人的大半生，拥有成功的职业生涯才能完善人生，因此对每个人而言，职业生涯规划具有特别重要的意义。

具体来说，科学的职业生涯能帮助我们中职学生确定今后的职业方向。知识经济对人力资源的素质提出了更高的要求，它不仅需要人才具有合理的知识结构，还需要具有较强的逻辑思维能力、社会活动能力和创新能力等综合职业能力。中职学生要实现成为高素质劳动者和具有一技之长的技术型人才这一目标，一是要借助职业生涯规划，认识自我，发展自我，完善自我，培养个人的素质和修养，设计职业生涯发展方向的最优路径。二是要能稳定自己的心态。传统观念将"上大学"视为人生的最大目标，而很少有人将就读职业高中视为今后从事某一职业的积累和准备阶段。因此，有些学生进入中等职业学校之后就失去了未来生活的目标，也失去了学习的动力。职业生涯规划将给中职学生灌输职业概念以及有关职业知识，促使中职学生去考虑将来成为一名职业人所需的能力和素质，有目的地吸取知识，增强学习动力，这将为中职学生开启成功之门。三是要确定自己在职业人群中的位置。职业生涯规划的重要前提是认识自我。只有认识自我、了解自我，才能有针对性地明确职业方向，而不至于盲目。在了解行业的特点、所需的能力、就业渠道、工作内容、工作发展前景、行业的薪资待遇等外部环境的基础上，理性地确定自己所具备的资本，彻底解决"我想干什么"和"我能干什么"的问题。这是人生所有规划和行动得以成功的基本依据。

2. 职业生涯规划的基本内容

职业生涯规划一般包括以下主要内容：

（1）自我认知。自我认知即明确我是谁、想要什么、能做什么。值得注意的是，自我认知时还应当借鉴他人的意见，即"角色意见"，这样才能得到比较客观、中肯的自我评估结论。

（2）职业认知。职业认知主要是了解职业和行业的基础知识，收集和掌握相关职业信息。进行职业生涯的规划仅仅了解自己是不够的，还需要对职业世界有充分的了解，如，社会上都有哪些职业，他们的发展趋势怎样，要求具备哪些技能，这些职业是否真正适合自己，等等。只有了解了职业世界，才能结合自身的特点作出适合自己的选择。

（3）外部环境分析。环境因素对个人职业生涯发展有极大的影响，作为社会生活中的个体，只有顺应外部环境的需要，才能最大限度地发挥个人的优势，实现职业生涯的目标。如果缺乏对外部环境的了解和分析，个人的职业生涯规划便只能流于空泛，成为镜花水月。

外部环境分析的主要内容包括对社会政治环境、经济环境和组织（企业）环境的分析，即评估和分析环境条件的特点、发展与需求变化趋势，自己与环境的关系以及环境对自己的有利条件与不利条件，等等。

（4）职业决策。职业决策是指对职业进行选择和决定的过程。据统计，在选错职业的人当中，有80%以上的人在事业上是失败者。因此职业决策的正确与否，直接关系到人生事业的成功与否。在职业决策的过程中要考虑性格与职业的匹配，兴趣与职业的匹配，特长与职业的匹配，内部环境与职业的适应，等等，也就是说，职业决策是在自我认识、职业认知和环境分析的基础上进行的，可以说，它是中职学生职业生涯规划中至关重要的一步。

（5）目标确立。制订个人职业生涯规划的最终目的是实现自己的职业目标，因此，目标选择是职业生涯规划的核心。职业生涯规划中所确立的目标，应该是可预想到的、有一定实现可能的最长远目标，包括终极目标、长期目标、中期目标和短期目标。目标确立的方法通常是先结合自身条件和现实环境选择终极目标和长期目标，然后通过目标分解，分化为符合阶段目标要求的中期目标、短期目标。

（6）策略实施。职业生涯策略指的是为实现职业生涯目标而制订的行动计划。当确定了职业生涯目标后，就要制定相应的具体实施方案，以达成此目标。策略实施的内容包括职业生涯发展路线设计、教育培训安排、实施计划等。

（7）反馈修正。任何事物都处在变化之中，绝大部分变化是难以预见的。现实社会中种种不确定因素的存在，会使原定职业生涯目标在策略实施过程中出现偏差，这时需要根据反馈的情况及时反省、修正职业生涯目标并调整行动方案。

（二）职业生涯规划的具体方法

许多职业咨询机构和心理学专家进行职业咨询和职业规划时常常采用的一种

方法就是有关"5W"的思考模式。从问自己是谁开始，然后顺着问下去，共有5个问题：

（1）Who are you？你是谁？

（2）What you want？你想干什么？

（3）What can you do？你能干什么？

（4）What can support you？环境支持或允许你干什么？

（5）What you can be in the end？最终的职业目标是什么？

回答了这五个问题，找到它们的最高共同点，你就有了自己的职业生涯规划。

对于第一个问题"你是谁？"我们应该对自己进行一次深刻的反思，有一个比较清醒的认识，优点和缺点都应该一一列出来。

第二个问题"你想干什么？"是对自己职业发展的一个心理趋向的检查。每个人在不同阶段的兴趣和目标并不完全一致，有时甚至是完全对立的。但随着年龄和经历的增长而逐渐固定，并最终锁定自己的终身理想。

第三个问题"你能干什么？"则是对自己能力与潜力的全面总结，一个人职业的定位最根本的还要归结于他的能力，而他职业发展空间的大小则取决于他的潜力。对一个人潜力的了解应该从几个方面去认识，如对事的兴趣、做事的韧力、临事的判断力以及知识结构是否全面、是否及时更新等。

第四个问题"环境支持或允许你干什么？"这种环境支持在客观方面包括本地的各种状态，如经济发展、人事政策、企业制度、职业空间等；在人为主观方面包括同事关系、领导态度、亲戚关系等，两方面的因素应该综合起来看。有时我们在职业选择时常常忽视主观方面的因素，没有将一切有利于自己发展的因素调动起来，从而影响了自己的职业切入点。而在国外通过同事、熟人的引荐找到工作是最正常也是最容易的。当然，我们应该知道这和一些不正常的"走后门"等歪门邪道有着本质的区别。这种区别就是这里讲的环境支持是建立在自己的能力之上的。

明晰了前面四个问题，就会从各个问题中找到对实现有关职业目标有利和不利的条件，列出不利条件最少的、自己想做而且又能够做的职业目标，那么第五个问题"最终的职业目标是什么？"自然就有了一个清楚明了的框架。最后，将自我职业生涯计划列出来，建成个人发展计划书档案，通过系统的学习、培训，实现就业理想目标，包括选择一个什么样的单位，预测自我在单位内的职务提升步骤，如何从低到高逐级而上。例如，从技术员做起，在此基础上努力熟悉业务、提高能力，最终达到成为技术工程师的职业生涯目标；预测工作范围的变化情况，不同工作对自己的要求及应对措施；预测可能出现的竞争，分析应对方法和自我提高的可靠途径；如果发展过程中出现偏差、不适应工作或被解聘，如何改变职业方向。

教师提示

> ➤ 职业生涯的发展是连续不断的过程。
> ➤ 每个人的职业生涯都是独一无二的。
> ➤ 职业生涯是因个人的主动而展开的。
> ➤ 职业生涯是以职业角色为主轴的。

二、自我认知

（一）自我认知及其内容

进行自我认知是认识个人和社会关系的一个重要基础，是选择职业的依据。要通过科学认知的方法和手段，对自己进行全面认识，清楚自己的优势与特长、劣势与不足。自我分析要客观冷静，既要看到自己的优点，又要面对自己的缺点。只有这样，才能避免规划中的盲目性，有效地促进职业发展。

1. 兴趣的认知

兴趣是最好的老师，也是职业选择的原动力。一旦同学们明确了自己的兴趣、优势和潜能，知道了自己要做什么、不要做什么、能做好什么时，我们的成就欲才能被点燃，主体意识才能被唤醒，渴望成功的强烈愿望将使我们不可阻挡地吸取一切所需要的知识，把学习作为事业成功的需要，从而真正成为学习的主人。

我们从英国戏剧大师莎士比亚的成功之路中就可以看到这点。莎士比亚小时候在家乡看过几次演出，对戏剧发生了浓厚的兴趣，经常和小伙伴一起演戏玩。后因父亲经商破产，莎士比亚只读了五年书就离开了学校。但他太热爱戏剧了，非常想在戏剧界发展。所以，当他听说当戏剧家要有丰富的知识时，就刻苦自修，读了许多文学、哲学、历史书籍，还学习希腊文和拉丁文。为了走近戏剧界，他22岁从家乡来到伦敦，先在一家剧院当马夫，给乘车来看戏的有钱人照料马匹，有空他就偷着看演出，细心琢磨剧情和角色。后来，他当了一个配角演员。他在向心中渴望的目标一步步迈近。莎士比亚从36岁开始写剧本，他勤奋学习，坚持不懈地进行创作，一生创作了27个剧本，其中《罗密欧与朱丽叶》、《哈姆雷特》等成了不朽的世界名作，他也成了世界上最伟大的作家之一。由此可见，通过对兴趣的认知，把自己有能力做的、感兴趣的事作为奋斗目标，将会唤起人的主体意识，激发人的巨大潜能，使人一步一步向目标靠近，最终不可阻挡地迈入成功者的行列。

2. 性格的认知

性格是一个人对事物的稳定的态度以及与之相适应的习惯化了的行为方式。大量研究表明，不同的性格分别适合不同的职业。根据性格选择职业，能使自己的行为方式与职业工作相吻合，更好地发挥自己的聪明才智和一技之长，从而得心应手地驾驭本职工作。

人的性格千差万别，或热情外向、或羞怯内向、或沉着冷静、或火暴急躁。职业心理学的研究表明，不同的职业有不同的性格要求。虽然每个人的性格都不能百分之百地适合某项职业，但却可以根据自己的职业倾向来培养、发展相应的职业性格。不同的性格特征对企业而言，决定了每个员工的工作岗位和工作业绩不同；对个人而言，决定着自己的事业不同。性格类型是指一类人身上所共有的某些性格特征的独特结合。目前为止，最著名的性格分类学说是由瑞士心理学家荣格提出来的向性说。荣格认为，人的性格按照个体心理活动倾向于外部还是内部，可以划分为外向型、内向型和中间型。可以通过运用荣格理论编写的《内外向性格测验》的心理测试问卷进行测试，之后再根据性格类型选择自己的职业目标。

3. 气质的认知

作为心理活动的气质，主要是指在人的认识、情感、言语、行动中，心理活动发生时力量的强弱，变化的快慢和均衡程度等稳定的动力特征。气质所要反映的是人的心理活动的速度、强度、稳定性和指向性等方面的特征。所以，认清自己的气质对择业至关重要，是选择职业时的重要因素。一般来说，气质分为胆汁质、多血质、黏液质和抑郁质四种类型。每一种气质都有它的积极方面和消极方面。气质对个体的职业和效率有一定的影响。不同气质的人适合从事不同类型的职业，认识这点有助于职业选择的成功。胆汁质的人精力旺盛，热情直率，激动暴躁，情绪体验强烈，神经活动具有很强的兴奋性。他们能以极大的热情去工作，克服工作中的困难，但若对工作失去信心，情绪即会低沉下来。此类人适宜竞争激烈、冒险性强、风险意识强的职业。多血质的人活泼好动，性情活跃，反应敏捷，易适应环境，善于交际。这类人工作能力较强、情绪丰富且易兴奋，但注意力不集中，兴趣易转移；对职业有较广的选择范围和较多的机会，适合于从事要求反应迅速的工作，但不适宜从事单调机械的工作和要求细致的工作。黏液质的人情绪兴奋性低，安静沉稳，内倾明显，外部表现少，反应速度慢，但稳定性强，偏固执、冷漠，比较刻板，有较强的自我克制能力。这类人适合于从事要求稳定、细致、持久的活动，但不适宜从事具有冒险性的工作。抑郁质的人敏感，行动缓慢，情感体验深刻，观察力敏锐，易感觉到别人不易觉察的细小事物；易疲倦、孤僻，工作耐受性差，做事审慎小心，易产生惊慌失措的情绪，往往是多愁善感的人。他们适合于要求精细、敏锐的工作，如哲学、理论研究、应用科学等。

事实上，大多数人总是以某种气质为主，又附有其他气质。所以，在职业选择中，尽量要"量质选择"，找到适合自己气质类型的工作。

4. 能力的认知

个人特征中的能力是直接影响人的活动效率，并使活动的任务得以顺利完成的那些最必需的个性心理特征，是个体完成活动的主观条件，包括一般能力和特殊能力。一般能力是顺利完成各种活动所必备的基本能力，特殊能力是顺利完成某种特殊活动所必备的专门能力，与某些职业活动紧密相连。一般能力是特殊能力的基础，为特殊能力的发展和发挥创造有利条件。

智力是一般能力的综合，包括观察力、记忆力、思维力、想象力等。美国学者葛德纳提出了多元智能理论，认为人包括八种智能：音乐智能，适合的职业有演奏家、作曲家等；身体—运动智能，适合的职业有舞蹈家、运动员等；逻辑—数学智能，适合的职业有数学家、科学家、工程师等；语言智能，适合的职业有小说家、诗人、编辑等；空间智能，适合的职业有建筑师、画家、飞行员等；人际关系智能，适合的职业有教师、社会工作者、推销员等；自我认识智能，适合的职业有心理学家、哲学家等；自然观察智能，适合的职业有植物学家、生态学家、庭院设计师等。

不同的中职学生有不同的优势能力，俗称特长。不同的职业需要不同的能力，个体从事与自己的优势能力相符合的工作更容易获得成功，所以在做职业规划时首先应根据自己的能力现状选择合适的职业。在了解自己的能力特征之后，在平时的学习生活中，就可以做到查缺补漏，通过学习和实践锻炼自己的能力。另外，葛德纳指出，八种智能都是价值中立的，在特定的社会中，个人如何运用他的智能，是其必须面对的严肃而重要的道德课题。因此，在择业时除了考虑是否能发挥个人特长之外，还应考虑自己选择的职业是否对社会的发展有所贡献。

（二）自我认知的方法

了解自己，这问题说起来简单，可很多人穷极一生也找不到完整的答案。下面介绍了两个帮助我们认识自己的方法：

1. 自我测试法

回忆一下，从小到大，哪些事情是让你觉得很有成就感的？花一点时间，找出 10 个，把它们写下来，然后寻求朋友的帮助，向他（她）简要描述这些事件：它是什么，为什么会让你觉得有成就感，在事件中你的感受如何，它对你而言意味着什么……之后你们可以一起来分析一下，从你的描述中是否可以归纳出某种共性。举个例子，你总是喜欢处理突发事件，这会让你觉得很满足；或者你很在意周围人的评价，得到别人的赞赏会令你信心百倍；还有，你是不是习惯于从助人中得到乐趣；再或者，承受重压、完成那些"不可能完成的任务"之后的你总是神采飞扬……

这些特质，很可能就是你的兴趣、性格、能力所在，体现了你的价值观，甚至成为你"人生的主题"。

2. 计算机测试法

计算机测试法是一种了解自己，认识自己的有效的现代化测试手段，科学性和准确性相对较高。目前，国内外常用的测试方法有：

（1）人格测试。人格是个人带有倾向性的、比较稳定的本质的心理特征的综合，包括气质、能力、性格、兴趣等心理特征。目前，常用的人格测试方法有明尼苏达多项人格测验、卡特尔十六种个性测验、艾森克人格问卷等。

（2）智力测试。智力具有抽象性和隐蔽性的特点，难以把握，有必要了解一些智力测试的方法，以便于我们提高剖析自我的水平。常用的智力测试有韦克斯勒智力量表和瑞文推理测验量表等。

（3）能力测验。能力测验内容较多，有文职人员能力与机械能力两种测验。文职人员是工作地点在办公室而主要从事创造力较低工作的脑力劳动者，如会计员、秘书、干事等。其检测方法主要有明尼苏达办事员测验、一般办事员测验等。机械能力测验包括感觉和动作能力，空间知觉，学习机械事物的能力，理解机械关系的能力，等等。测验方法有明尼苏达拼版测验、贝内特理解测验等。

（4）职业倾向测验。职业能力的大小及其发展，与任职者对职业的倾向与兴趣有很大关系。职业兴趣测试的途径有：爱丁堡职业倾向问卷、霍兰特职业兴趣问卷表、明尼苏达职业兴趣问卷表等。

教师提示

➤ "知己知彼，百战不殆"（孙子）、"知人者智，自知者明"（老子）等都说明了自我认知的重要性。

➤ 人对自己的认知会受到年龄、经历等影响，当前认知及测试结果不意味着一成不变，职业生涯规划应随着自我认知的变化而不断调整、完善，一般不可能做到一个规划方案定终身。

三、职业认知

（一）了解职业世界

1. 职业及其特征

职业是指从业人员为获取主要生活来源而从事的社会性工作类别。职业须同时具备下列特征：

（1）目的性，即职业以获得现金或实物等报酬为目的。

（2）社会性，即职业是从业人员在特定社会生活环境中所从事的一种与其他社会成员相互关联、相互服务的社会活动。

（3）稳定性，即在一定时期内长期存在，大的形式变化不是很频繁。

（4）规范性，即职业必须符合国家法律和社会道德规范。

（5）群体性，即职业必须具有一定的从业人数。

2. 职业分类

职业分类是以工作性质的同一性为基本原则，对社会职业进行的系统划分与归类。所谓工作性质，即一种职业区别于另一种职业的根本属性，一般通过职业活动的对象、从业方式等的不同予以体现。职业分类的目的是要将社会上纷繁复杂、数以万计的现行工作类型，划分成类系有别、规范统一、井然有序的层次或类别。对从事工作性质的同一性所作的技术性解释，要视具体的职业类别而定。而职业分类体系则通过职业代码、职业名称、职业定义、职业所包括的主要工作内容等描述出每一个职业类别的内涵与外延。

世界上经济发达国家都非常重视职业分类问题的研究，这不仅是形成产业结构概念和进行产业结构、产业组织及产业政策研究的前提，同时也是对劳动者及其劳动进行分类管理、分级管理及系统管理的需要。

世界各国国情不同，划分职业的标准也有所区别。

（1）根据西方国家的一些学者提出的理论，在国外一般将职业分为三种类型：

①按脑力劳动和体力劳动的性质、层次进行分类。这种分类方法把工作人员划分为白领工作人员和蓝领工作人员两大类。

②按心理的个别差异进行分类。这种分类方法是根据美国著名的职业指导专家霍兰创立的"人格—职业"类型匹配理论，把人格类型划分为六种，即现实型、研究型、艺术型、社会型、企业型和常规型。与其相对应的是六种职业类型。

③依据各个职业的主要职责或"从事的工作"进行分类。这种分类方法较为普遍，以两种代表为例。其一是国际标准职业分类。国际标准职业分类把职业由粗至细分为四个层次，即8个大类、83个小类、284个细类、1 506个职业项目，总共列出1 881个职业。其中8个大类是：专家、技术人员及有关工作者；政府官员和企业经理；事务工作者和有关工作者；销售工作者；服务工作者；农业、牧业、林业工作者及渔民、猎人；生产和有关工作者、运输设备操作者和劳动者；不能按职业分类的劳动者。这种分类方法便于提高国际间职业统计资料的可比性和国际交流。其二是加拿大《职业岗位分类词典》的分类。它把分属于国民经济中主要行业的职业划分为23个主类，主类下分81个子类，489个细

类，7 200 多个职业。此种分类对每种职业都有定义，逐一说明了各种职业的内容及对从业人员在普通教育程度、职业培训、能力倾向、兴趣、性格以及体质等方面的要求，有较大的参考价值。

（2）我国职业分类，根据我国不同部门公布的标准分类，主要有两种类型：

第一种：根据国家统计局、国家标准总局、国务院人口普查办公室 1982 年 3 月公布，供第三次全国人口普查使用的《职业分类标准》。该《标准》依据在业人口所从事的工作性质的同一性进行分类，将全国范围内的职业划分为大类、中类、小类三层，即 8 大类、64 中类、301 小类。其中 8 个大类的排列顺序是：第一，各类专业、技术人员；第二，国家机关、党群组织、企事业单位的负责人；第三，办事人员和有关人员；第四，商业工作人员；第五，服务性工作人员，第六，农林牧副渔劳动者；第七，生产工作、运输工作和部分体力劳动者；第八，不便分类的其他劳动者。在 8 个大类中，第 1、2 大类主要是脑力劳动者，第 3 大类包括部分脑力劳动者和部分体力劳动者，第 4、5、6、7 大类主要是体力劳动者，第 8 类是不便分类的其他劳动者。

第二种：国家发展计划委员会、国家经济委员会、国家统计局、国家标准局批准，于 1984 年发布，并于 1985 年实施的《国民经济行业分类和代码》。这项标准主要按企业、事业单位、机关团体和个体从业人员所从事的生产或其他社会经济活动的性质的同一性分类，即按其所属行业分类，将国民经济行业划分为门类、大类、中类、小类四级。门类共 13 个：农、林、牧、渔、水利业；工业；地质普查和勘探业；建筑业；交通运输业、邮电通信业；商业、公共饮食业、物资供应和仓储业；房地产管理、公用事业、居民服务和咨询服务业；卫生、体育和社会福利事业；教育、文化艺术和广播电视业；科学研究和综合技术服务业；金融、保险业；国家机关、党政机关和社会团体；其他行业。这两种分类方法符合我国国情，简明扼要，具有实用性，也符合我国的职业现状。

根据不同标准的职业，可有不同的分类方法。如：从行业上划分，可分为第一、第二、第三产业；从工作特点上划分，可分为务实（使用机器、工具和设备的工种）、社会服务、文教、科研、艺术及创造、计算及数学（钱财管理、资料统计）、自然界职业、管理、一般服务性职业等十多种类型的职业。了解分类方法，明确职业的特定性的解释，这对我们更好地掌握某一职业的特点，选择适合自身职业有指导作用。

3. 职业制度

（1）社会就业制度。就业制度是指直接或间接约束劳动者的就业规则、制度的总称。进入职业大门的就业制度与走上职业岗位后的管理制度，共同构成了社会就业制度。目前，我国的就业制度主要包括：

①求职登记与职业介绍制度。按照我国颁布的失业人员登记管理办法规定，

在一定劳动年龄内，有劳动能力、目前无业而要求就业的一般城镇居民，包括学校的毕业生，要到地方政府劳动保障部门所属的劳动就业服务管理机构（各市、区、县职业介绍中心和城镇各街道劳动管理科、职业介绍所）进行登记，领取求职证。

②招收录用制度。根据我国的劳动管理体制，国有企业和非国有单位具有完全的用工权，企业招收普通员工后，要报劳动局备案；国有企业和非国有单位招收管理人员、技术人员，须报政府人才交流中心批准。政府机关、事业单位招收人员，经上级主管部门和政府人事部门批准其人数编制后，才能招收。政府机关招收公务员，要通过公务员考试选拔录用。

③就业资格制度。就业资格制度包括职业资格证书制度和就业准入制度职业资格，是对从事某一职业必须具备的职业劳动知识、操作技术和其他能力的要求。职业资格证书则是一种社会评价制度，由政府劳动和社会保障部门、人事部门和其他部门（如财政部、司法部），或受其委托的部门，通过学历认定、资格考试、专家评定、职业技能鉴定等方式对申请人进行考核，合格后颁发相应的证书，证明其能够胜任某一职业。目前，我国实行职业资格证书制度的职业主要有注册税务师、经济师、审计师、心理咨询人员、建筑监理工程师、建筑师等等。就业准入制度是国家劳动和社会保障部门为加强持证上岗的管理而制定的制度。实行就业准入的职业包括汽车驾驶员、美容师、面点师及车、钳、磨等工种。

④就业培训制度。国家为解决求职者因缺乏技能而导致的就业困难，提高其就业能力，要求求职者必须接受相应职业技能的培训。

⑤失业保险制度。失业保险制度是指依法筹集失业社会保险基金，对因失业而暂时中断劳动、失去劳动报酬的劳动者给予帮助的社会保险制度。其目的是通过建立社会保险基金的办法，使员工在失业期间获得必要的经济帮助，保证其基本的生活需求，并通过专业训练、职业介绍等手段，为他们实现重新就业创造条件。

（2）劳动合同制度。劳动合同制度是一种适合我国社会主义市场经济要求的新型劳动制度，它出现于20世纪80年代，20世纪90年代开始在全国范围内推行。2008年1月1日我国开始实施新的《中华人民共和国劳动合同法》。该法注重保护劳动者合法权益与保护用人单位合法权益的统一，是保障毕业生劳动权益的重要法律保障，是中职学生在规划职业生涯时应该重点了解的内容，特别是劳动合同的基本知识。

劳动合同是指劳动者与用人单位之间发生的劳动关系并确定双方的权利和义务的协议。劳动合同与每一个劳动者息息相关，它是每一个劳动者在走上工作岗位与用人单位发生劳动关系时必须签署的协议。

①劳动合同订立的原则。劳动法规定："订立劳动合同，应当遵循平等自

愿、协商一致的原则，不得违反法律、行政法规的规定。"具体讲，订立劳动合同必须遵循以下原则：

合法原则，就是订立劳动合同必须遵守国家的法律、法规和政策的规定。它包括：a. 订立劳动合同的主体必须合法。作为用人单位，必须是依法成立的企业、事业单位、国家机关、社会团体和个体经营户等用人单位；作为劳动者，必须是具有劳动权利能力和劳动行为能力的公民。b. 劳动合同的内容必须合法。劳动合同程式条款都不能违反国家法律、法规和政策的规定，不得损害国家利益和社会公共利益。c. 劳动合同订立的形式和程序必须合法。

平等自愿、协商一致原则。平等是指当事人双方在签订劳动合同时的法律地位平等，没有任何隶属关系、服从关系，用人单位与劳动者是以平等的身份订立劳动合同。自愿是指订立劳动合同完全出于当事人自己的意志，任何一方不得将自己的意志强加给对方，也不允许第三者干涉劳动合同的订立。协商一致是指合同的双方当事人对合同的各项条款，只有在双方充分表达自己意志基础上，经过平等协商，取得一致意见的情况下，劳动合同才能成立。凡是违反平等自愿、协商一致原则签订的劳动合同，不仅不具有法律效力，而且还应承担一定的法律责任。

②劳动合同应当具备的条款：

用人单位的名称，住所和法定代表人或者主要负责人。

劳动者的姓名，住址和居民身份证或者其他有效身份证号码。

劳动合同期限。

工作内容和工作地点。

工作时间和休息休假。

劳动报酬。

社会保险。

劳动保护，劳动条件和职业危害防护。

法律、法规规定应当纳入劳动合同的其他事项。

劳动合同除必备条款外，用人单位与劳动者可以约定试用期、培训、保守秘密、补充保险和福利待遇等其他事项。

（二）职业信息收集与处理

1. 职业信息及分类

职业生涯设计的一个关键步骤是收集现有及未来就业机会的相关信息。职业生涯的设计需要个人通过多种渠道了解关于工作的种种信息。比如用人单位的性质、分类、工种、业务等情况。

这些信息从收集渠道大体可以分为两类：间接信息和直接信息。

（1）间接信息包括：

图书馆。到图书馆找职业教育的资料。一些与职业教育相关的书籍、期刊、报纸、小册子都可以翻阅一下。

官方出版物。政府出版的有关就业、职业方面的书籍、资料。比较适用的如职业指南手册，有对职业比较详细的介绍。

大众传媒。大部分报纸都定期开办有特色的有关职业和就业的专栏。这些专栏可以提供较新的就业信息。网络上也有一些专门的求职网站，提供了大量最新信息。

专业机构。几乎每个行业都有专门的管理和发展机构。除了提供专门的行业发展信息，这些组织往往还会提供一些有关就业机会的信息。你可以从专业的讲座、讨论会、会议和出版物中得到一些基本的有关职业发展的资料。

（2）直接信息包括：

在职人群。一本个人通讯录也许是你最有价值的职业信息资料。亲朋好友以及熟人可能会为你提供一些招聘信息。大部分人都愿意给你讲讲他们的工作经历和工作状况以及可能的工作机会，但是有一点一定要注意，就是拜访这些人时，切记要选择对方方便的时间和地点。

公司提供的有价值的信息。有些公司会为未来的员工提供职业设计信息。这种信息可能会包括与公司业务相关的一些职业领域的发展前景，以及对员工的职业要求和设计。在应聘这一类公司时最好能提前了解有无这些资料。一些大型公司的网站上往往会在招聘栏目中放有这些信息。

2. 职业信息收集的方法

（1）全方位收集法。即只要是稍有相关的信息，都成为你我收集的对象。这种方法的优点在于：所获的信息很广，选择的自由度大。但是它过于浪费时间，浪费精力。对于个人来说，显然没有必要，除非你想自己开办专门提供求职、招聘信息服务的公司。

（2）方向定位收集法。这主要是根据自己制定的职业方向如求职行业范围来收集求职信息，信息收集不受地域环境的限制。这种收集方法是以个人求职的兴趣，个人的知识结构等为基础的。

（3）区域定位收集法。能够使你的注意力集中于某一地区。收集信息时宜把注意力集中在你选定的区域的报纸杂志上，其他信息源也可以不失时机地加以运用。

以上对求职信息收集方法的分类是为了便于理解，在实际应用中，往往是几种方法的交叉运用。收集信息时，既要考虑区域定位，也要考虑个人初定的职业方向，如求职的行业范围。记下部分貌似与己无关的信息有时并非于己无益，关键在于充分认识自己，充分理解各类信息，从而做到有的放矢。

3. 职业信息的处理

由于信息的来源和获取的方式不同，真假难辨，这就要求我们必须对所获得的信息进行认真的辨别处理，判断信息的真实性、可信性，从中挑选出有利于我们求职择业的有用信息。

（1）信息的筛选：

首先，要对自己收集到的信息的真实性进行考察分析，将那些不太重要的信息筛选掉。一般来说，来自各级毕业生就业指导中心的信息真实性较高，比较值得信赖。由各级教育部门、人事部门主办的毕业生供需见面会提供的信息，也是可靠的。而那些来自报纸杂志或互联网上的信息其可信度相对而言要低一些。

其次，要仔细判断就业信息的时效性。有的就业信息的确是真实的，但有可能是几周前的，甚至是几个月前的信息，这类信息的时效性就比较差。

最后，要认真分析职业信息的价值性。对于那些真实度高、时效性强的信息，要认真分析他们对自己所具有的不同价值。比如，某些岗位信息符合自己的职业定向、兴趣爱好、发展要求等，那么这类信息就比较有价值，反之，就是没有价值的信息。

（2）信息的验证。对于那些已经筛选过的信息，还要做进一步的验证，验证自己对这些信息真实性、时效性和价值性的初步推断。比如，可以通过电话咨询、网上查询、实地访问等方式了解用人单位各方面的情况，还可以通过对该单位比较熟悉的亲朋好友或校友了解有关情况，由此来修正和补充有关职业信息。

（3）信息的归类。为了便于查询和利用收集到的信息，还需要对这类信息加以归类。我们可以按照职业信息和各种属性来分门别类地加以整理，如按政策、趋势、岗位信息等分别整理，这样既能防止遗漏，又能方便检索查阅。对于直接与就业有关的岗位信息，还可以根据自己的就业意向，按其行业、薪资、前景、兴趣等进行归类整理。通过归类，可以详细分析各种职业信息，并进行比较，最后做出决定。

教师提示

> 技能型岗位十分看重就业者的实际操作能力，中职学生的优势也就在于操作能力较强，因而能在激烈的就业竞争中，谋得一席之地。因此，在校期间，积极进行实践锻炼和社会实践，特别是取得一些资格证书，为将来就业做尽可能的准备是十分重要的。

> 随着社会分工的细化，每种职业都可能成为社会上不可或缺的职业，职业和劳动没有贵贱之分，只有分工和任务不同。三百六十行，行行出状元！认定一种选择，争取一种成功。

四、环境分析

（一）外部环境分析

有这样一句广告词："心有多大，舞台就有多大。"作为新时代的弄潮儿和主角的青年学生，从学校的"小舞台"到社会的"大舞台"，是否已经做好了充分的准备？如何在聚光灯下尽情地展示自己的才华和舞姿呢？对于这个"大舞台"自己又了解多少？越来越多的中职学生都开始进行职业生涯规划，而一份有效的职业生涯规划要求我们全面认识、了解自己，也要清楚地认识外部环境特征，以评估职业机会。

为了更好地进行职业选择与职业生涯规划，必须对外部环境进行分析，通过外部环境分析弄清环境对职业发展的要求、影响及作用，对各种影响因素加以衡量、评估，并做出反应。

1. 家庭环境分析

任何人的性格和品质的形成及个人的成长都离不开家庭环境的影响，学生在进行职业生涯规划时，更多考虑的是家庭的经济状况、家人期望、家族文化等因素对本人的影响。个人职业发展规划的确立，总是同自身的成长经历和家庭环境相关联的。个人在成长过程中，在不同时期也会根据自己的成长经历和所受教育的情况，不断修正、调整，并最终确立职业理想和职业计划。正确而全面地评估家庭情况才能有针对性地设计适合自己的职业规划。

2. 学校环境分析

学校环境是指学生所在学校的教学特色与优势、专业的选择、社会实践经验等。每个学校由于历史的、文化的因素不同，都会具有各自不同的特色传统。了解和把握这些特色，对于学生自身的成长和有针对性的择业具有积极意义。充分利用学校的这些优秀师资、硬件资源培养自己的相关能力，有利于更好地做出职业生涯规划。

3. 社会环境分析

社会环境是指人类生存及活动范围内的社会物质、精神条件的总和。对社会环境因素的了解主要包括以下几个方面：

（1）社会政策，主要是人事政策和劳动政策。人生发展与社会政策密切相关。社会政策分析主要关注哪些事情可以做，哪些事情不能做。分析时不仅要分析现在，而且还要预测未来。

（2）社会变迁，比如知识经济和信息化社会的发展，就会对人的职业生涯发展产生较大的影响。

（3）社会价值观，价值观会随着社会的不断发展和进步而发生不同程度地变化，从而会影响社会对人的认识和对职业的要求。

（4）科学技术的发展，科技的发展会带来理论的创新、观念的转变、思维的变革、技能的补充等，而这些都是职业生涯规划中不可或缺的要素。

（5）社会文化环境，包括教育条件和水平、社会文化设施等。在良好的社会文化环境中，个人就会受到良好的教育和熏陶，从而可能为职业发展打下良好的基础。

（二）组织（企业）环境分析

同样的行业，有的人觉得越干越有意思，而有的人天天在思索如何改行；同样的工作，有人在一个公司工作非常愉快，而在另一个公司工作却很不开心。其实只有知道了什么行业适合自己，找到适合自己的环境和氛围，才会心情愉悦并充分发挥才能、高效投入工作，最终取得成功。

1. 职业环境分析

所谓职业环境分析，就是要认清所选职业在社会大环境中的发展状况、技术含量、社会地位、未来趋势等。比如：当前热点职业有哪些，发展前景怎样；社会发展趋势对所选职业有什么要求，影响如何；等等。

有这样一个故事：一位打井的高手，凡经过他指点的地方准能打出一口泉水不断的好井。有人向他请教诀窍，他回答说："这打井也有学问，也要察形观势，找准位置，找对风水。"其实职场亦然，只有充分评估职业环境、职业要求以及自身状况对职业生涯的影响，才能找准职业方向。找到职业方位，就找准了职场的"风水线"，自然会风生水起。

2. 行业环境分析

行业环境分析包括对目前所从事行业和将来想从事的目标行业的分析。分析内容包括行业的发展状况、国际国内重大事件对该行业的影响、目前行业优势与问题何在、行业发展趋势如何等。

行业与职业不同，行业是企业的集合。从事同类的产品生产销售的企业或提供类似服务的企业达到一定的数量才会形成一个行业。在同一行业内，可以从事不同的职业。分析行业环境的时候，一定要结合社会大环境的发展趋势，因为社会大环境对行业的发展产生重要影响。与此同时，还要注意国家政策的影响，看看国家对某一行业是扶持鼓励还是限制制约，职业选择要尽量选择有前景，发展空间较大的行业。

3. 企业环境分析

企业环境一般包括单位类型、企业文化、发展前景、发展阶段、产品服务、员工素质、工作氛围等。首先，要确定自己适合什么样的企业文化、什么样的环境，从而找到真正适合自己要求的公司。我们每个人都面临着这样一个严峻的事实：我们必须长期地、努力地工作，如果用几年的时间做自己并不适合的工作（这种情况非常常见），那么就是在浪费生命。

企业环境分析包括企业在本行业中的地位，状况和发展前景，所面对的市场状况，产品在市场上的发展前景，能够提供的岗位，等等，具体包括以下三个内容：

（1）企业实力。企业在本行业中是具备很强的竞争力，还是处于一个很快就将被吞并的地位？发展前景如何？企业的发展领域在哪些方面？有没有长久的生命力？战略目标是什么……

（2）企业领导人。企业领导人的抱负及能力是企业发展的决定性因素。他的能力是否足以带领员工开创新天地？有没有战略性的眼光和措施？是否尊重员工……

（3）企业文化和企业制度。企业文化是全体员工在长期的生产经营活动中形成并共同遵循的最高目标、价值标准、基本信念和行为规范。企业文化是影响企业经营效益的重要因素，没有优秀的企业文化便不会有优秀的企业。

企业制度的范围比较广，包括管理制度、用人制度、培训制度等。尽可能了解以上这些信息，了解企业在组织结构上的特征与发展变化趋势，分析这种趋势对自己的未来可能带来什么样的影响。

教师提示

➤ 一个人不可能离群索居，必须生活在一定的环境之中。如果说，人是职场中游泳的鱼，环境就是水和温度，环境为人提供了活动的空间，发展的条件和成功的机遇。

➤ 研究环境，认识环境，适应环境，个人才会有发展的空间。

五、职业决策

（一）职业决策及其制定

职业决策也称生涯决策，这一概念最早源自英国经济学家凯恩斯的理论，指一个人选择目标或职业时，会选择使用一种使个人获得最高报酬，而将损失降至最低的方法。在我国，将职业决策定义为人们根据自身特点和社会需要选择合理的职业方向的过程，内容包括个人价值探讨和澄清、关于自我和环境的使用、谋划和决定过程。

职业决策是职业生涯规划中的前导部分，决策制定的可行与否，直接决定着职业生涯规划是否成功。希望获得最理想的职业发展目标，就需要认真地对自己进行完全剖析，知道自己希望得到什么，这一生自己应该在这个社会里获得什么，这些都需要自己认真思索。

职业决策以学生本人制定为主，其他同学、老师、家长、职业规划师只能居于配角角色。不管是老师还是家长，还是职业规划师，在帮助你制定职业决策时，或多或少会出现经验主义现象，不管是好是坏，这些都是他们的经验，而非你的经验，如果完全按照他们所设定的职业决策走下去，肯定会出现职业决策失误的情况。

当职业决策在执行过程中因为自己的学识认知等原因出现问题时，应该设法寻求帮助，此时，其他同学、老师、家长、职业规划师将起到很大的补充作用，毕竟经验主义在很多时候确实能够解决很多问题。

（二）制定职业决策应注意的问题

制定正确而理性的职业决策主要需要注意三方面的事情：

1. 制定职业决策需要结合自己的性格、特长和兴趣

职业生涯能够成功发展的核心，就在于所从事的工作要求正是自己所擅长的。如果一个人性格内向、不善与人沟通，没有很好的交际意识，那么这个人就很难成为一名成功的管理人员。制订职业规划一定要认真分析出自己的优缺点。

从事一项自己擅长的、并喜欢的工作，工作会很愉快，也容易脱颖而出。这正是成功的职业规划的核心所在。

2. 要考虑到实际情况，并具有可执行性

很多学生刚开始时有很大的雄心壮志，一心想着出人头地。实际上成功更多的时候却是一种积累的过程——资历的积累、经验的积累、知识的积累，所以职业规划不能好高骛远，而要根据自己实际情况和社会情况，一步一个脚印，层层晋升，最终方能成就梦想。

3. 职业决策必须有可持续发展性

职业决策不能只制定一个阶段性的目标，应该是一连串的、可以贯穿自己整个职业生涯发展的远景展望。如果职业决策定得短浅，又没有后续职业决策点支撑，肯定会使人丧失奋斗的热情，且不利于自己长远发展。

在经验借鉴方面，影响一个人理性职业决策的因素，有上面提到的自己的性格、特长和兴趣等内部环境因素，还有一些具体的外部环境因素，比如说我们的专业、我们所从事的行业，该专业、行业在市场上的发展情况和前景。

我们的父母、我们的邻居、我们的老师、社会里你知道的知名人士，不管是谁，是成功还是失败，其实都是可借鉴的，我们了解他们成长的历史，去看看他们为什么成功，去了解他们为什么失败，这对我们的职业决策的制定有着极大的帮助。某种程度上，他们的人生轨迹，就是我们将来的轨迹。只是，我们应该借鉴他们轨迹中最好的，并与我们的兴趣、特长结合起来，制定出最适合我们的职业轨迹。不管什么人，制定什么样的职业决策，都不能够照搬照套，哪怕你所选择的人所选择的模型跟你几乎一模一样，都不可以完全照搬使用。事实上，世界上本身就不存在相同的两个人，自然也不存在相同的职业决策。

六、职业生涯目标的确立与实现

没有目标，就没有成功。一个人职业的成败，很大程度上取决于有无适当的职业目标。没有目标如同驶入大海的孤舟，四海茫茫，没有方向，不知道走向何方。只有树立了目标，才能明确奋斗方向，目标犹如海洋中的灯塔，引导你避开险礁暗石，走向成功。

（一）职业生涯目标概述

1. 职业生涯目标的含义

职业生涯目标是指我们在职业生涯中希望达到的结果。在认真进行了自我认知与科学测评定位，做到了真正"知己"和通过对职业环境的仔细分析，全面"知彼"的前提下，确定自己发展的明确而清晰的职业生涯目标十分重要。职业生涯目标的确立可以在我们的职业规划中发挥巨大作用，使我们的职业生涯迈向成功。

2. 确立职业生涯目标的意义

（1）确立职业生涯目标使人的精力集中，达到"精诚所至，金石为开"的功效。有效的职业生涯规划需要切实可行的目标，以排除不必要的干扰，全心致力于目标的实现。如果没有切实可行的目标作驱动力的话，人们就很容易对现状或困难妥协，随波逐流。法国著名作家蒙田曾说："灵魂若找不到确定目标，就会迷失。"特定的目标能给我们指出努力的重点或方向。一旦职业目标确定，接下来就要规划所采取的支持性的行动。例如，你将自己的职业目标定为区域销售经理，就可以围绕实现这一目标来规划自己的战略。如果没有明确的目标，将很难形成行动规划。没有人生目标或人生目标选择不正确，缺乏规划行动，将使人浑浑噩噩，一事无成。

（2）确立职业目标使我们更积极、更乐观，能鞭策我们尽力而为，使我们坚持不懈地去完成任务。一个人的最终目标，实际上源于他的人生原动力。人生原动力来自内心，有了它就会激发职业生涯行动，它是人们肯定自身生命价值的自我表现形态。一项研究发现，那些设定了未来一两年内的具体目标的职业规划者，要比那些没有具体目标的人乐观得多。给自己定下目标之后，目标就在职业生涯中起两个方面的作用：一是你努力的依据，二是对你的鞭策。目标给了你一个看得着的射击靶。随着你努力实现这些目标，你就会有成就感，就会更积极、更乐观。职业规划专家对为什么有些人要比其他人工作更为出色做过广泛的调研。这些研究发现，当人们制定的目标既具挑战性又具可实施性时，就能激励他们干得更好。

（3）确立职业目标，可以帮助人们制定有效的战略。组织行为文献中最一致的研究成果之一就是，那些具有明确的、有挑战性目标的雇员，要比那些没有目标或对目标责任感不强的雇员表现得好。进一步说，你越是忠于自己的目标，就越有可能制定、规划出具有广阔发展前景的职业生涯战略。明确而适合的目标，是你职业生涯中的灯塔，将指引你走向成功。成功与不成功的人唯一的差别就在于，成功的人可以无数次修改方法，但决不轻易放弃目标，与之相反，不成功的人总是修改目标，而不修改规划方案。

3. 职业生涯目标确立的步骤

职业生涯目标的确立大体有以下几个步骤：

第一步：进行考察。在确立职业生涯目标之前的关键行动是进行考察，即对自我和职业环境进行分析。人们应该参与各种各样的职业考察活动，从而加强对自我和对环境的认识。对自我和对环境的深入了解将有助于人们确立现实的，与自己的个性特征和所偏好的工作环境相适应的职业生涯目标。

第二步：制定长期与短期职业生涯目标。在确定职业生涯目标上，比较理想的是先确定长期目标。长期目标既然是自我考查与评价过程的结果，就要考虑人的需要、价值观、兴趣、才能和期望。因此，它应该包括工作职责、自主程度、与他人交往的类型与频度、物质环境以及生活方式等方面。实际上，规划长期目标，就是一个人把自己所偏好的工作环境放在 5～7 年的时间框架中的方案。也就是问自己这样一个问题：我希望在未来一个长时期内承担何种类型的工作，从事哪些活动，获得何种回报和承担哪些职责？

接下来就要考虑规划短期目标。短期目标作为一种手段，要能够支持长期目标。为了从长期目标中提炼出短期目标，我们需要考虑：什么样的工作经历使你有条件去实现这个长期目标？你需要规划开发或提高哪些才能？什么样的技能有助于实现下一个目标？

第三步：确立长期与短期的内、外职业生涯目标。外职业生涯目标是规划职业过程的外在标记，主要包括工作内容、经济收入、工作地点和职位等方面要达到什么程度。

内职业生涯目标是规划职业生涯过程中知识与经验的积累、观念与能力的提高和内心感受。主要包括提升工作能力（如能够和上级领导无障碍沟通的能力、组织大型公共关系活动的能力、组织结构设计的能力等）；修炼心理素质（如情绪控制和个人管理）；完善观念（观念主要是指对人对事的态度和价值观，完善观念能使自己更成熟、稳重）；做出工作成果（指发现和应用新的管理方法创造新的业绩，发表专业论文或著作，取得专业领域的资格或地位，等等）。

4. 确定职业生涯目标需要遵从 SMART 原则和采取慎重的态度

（1）确立职业目标的原则。确立职业生涯目标的 SMART 模式，是指 Specific（明确）、Measurable（可衡量）、Attainable（可行）、Realistic（切实）以及 Time - based（时间限制）。

Specific（明确），明确就是要用具体的语言清楚地说明要达到的职业生涯目标的标准。目标要尽量提得具体，要有标准可以衡量。

Measurable（可衡量），可衡量就是指目标应该是明确的，而不是模糊的。应该有一组明确的数据，作为衡量是否达到规划目标的依据。

Attainable（可行），可行就是指目标必须具有实现的可能性。目标定得太高，会打击人的积极性。

Realistic（切实）一项目标，如果实现的可能性等于零，那不管是谁，都会觉得没劲；反过来，如果它实现的可能性是 100%，那它就不再是目标。它既要符合现实，又要建立在分析现实的基础上。

Time－based（时间限制），实现职业生涯目标应当有时间限制，如果走到了人生尽头还没完，只能成为空想。

（2）确立职业生涯目标必须慎重。对于那些需要确定自己职业生涯目标的人来说，最主要的是应该考虑这种选择是以充分的信息作基础，还是草率做出的。如果是匆匆忙忙就选择了不适当的职业生涯目标，又一去不回头，那将带来不利的结果。

职业规划专家研究发现，与那些更慎重地选择自己职业生涯目标的管理者相比，那些匆忙选定职业生涯目标的管理者工作态度差得多，其生活压力也大得多。应该鼓励那些草率型的人重新考虑自己的职业生涯选择，评价一下自己的选择是否真的与自身才能、兴趣和志向相一致。

如果不考虑自己真正的兴趣和能力，就做出职业生涯选择，可想而知，它是使人感到不满意的根源，并会给雇用他的组织带来不利的工作结果。

从理想的意义上说，所有的职业规划决策都应该是慎重做出的，即具备了充分的知识和认识才能选择职业生涯目标。

（二）职业生涯目标的实现

有了计划就要行动，有了目标就要实现。这是职业生涯规划中最艰难的一个步骤，因为这意味着要停止梦想而切实开始行动。

一是要有坚强的毅力。坚定不移地朝着既定目标不懈地努力，不能一遇挫折就退缩，一遇逆境就心灰意冷，垂头丧气。这也是最重要的一条。

二是要克服惰性。如果沉醉于"春天不是读书天，夏日炎炎正好眠，秋观景来冬踏雪，收拾书箱好过年。"即使有再好的人生目标和职业生涯设计，也是一场美梦，无法实现。

三是要控制时间。老子说："合抱之木，生于毫末；九层之台，起于累土；千里之行，始于足下。"一日之计在于晨，一年之计在于春。把握好每天、每周、每月、每季的计划，一步一个脚印朝规划目标前行，更是实行职业生涯设计方案的重要原则。

四是要提高学习能力，参加培训。不要放弃任何一个可以锻炼自己、提升素质的机会，迅速"充电"，不断"充电"，终身"充电"。

五是要自我表现和自我推销。"你如果想升职，就必须让管理层知道，把你的目标和专长直截了当的告诉他们。"

六是要勇于提出建设性的意见。过去，对上级唯命是从者往往能步步高升，但现在，管理层更重视那些敢于表达不同观点的员工，这些员工的见解常常能使企业避免重大损失或陷入困境。

七是要全力协助上级和同事。不要事不关己，高高挂起。要记住助人为乐！而且，协助上级和帮助同事，也就是帮助自己。

八是要培养团队精神。为提升办事效率，分工合作和精诚团结显得尤为重要，必须防止互相推诿和互相掣肘，不能让这种内耗现象有生存的空间。没有同事的支持，你将很难办成一件事。培养团队精神，是企业和个人提升办事效率、取得成就的必由之路。

拓 展 阅 读

一、在职业生涯各阶段，你该做什么

一个人的职业生涯是一个漫长的过程。科学地将其划分为不同的阶段，明确每个阶段的特征和任务，做好规划，对更好地从事自己的职业，实现自己确立的人生目标，非常重要。

职业生涯阶段如何划分，各国专家学者有不同的划分理论和方法，主要有按年龄层次划分、按专业层次划分和按管理层次划分三种类型。从事职业生涯规划研究的中国人事人才科学研究所副研究员罗双平认为：以年龄为依据，每十年作为一个阶段比较合适，即二十岁至三十岁为一个阶段，三十岁至四十岁为一个阶段，依此类推。

二十岁至三十岁：走好第一步。

这一阶段的主要特征是从学校走上工作岗位，是人生事业发展的起点。如何起步，直接关系到今后的成败。

这一阶段的主要任务之一就是选择职业。在充分做好自我分析和内外环境分析的基础上，选择适合自己的职业，设定人生目标，制订人生计划。再一个任务，就是要树立自己良好的形象。年轻人步入职业世界，表现如何，对未来的发展影响极大。还有一个重要任务，就是要坚持学习。根据日本科学家的研究发现，人工作一生所需的知识，90%是工作后学习的。这个数据足以说明参加工作后学习的重要性。

三十岁至四十岁：不可忽视修订目标。

这个时期是一个人风华正茂之时，是充分展现自己才能、获得晋升、事业得到迅速发展之时。此时的任务，除发奋努力，展示才能，拓展事业以外，对很多人来说，还有一个调整职业、修订目标的任务。人到三十多岁，应当对自己、对环境有更清楚的了解。看一看自己所选择的职业、所选择的生涯路线、所确定的人生目标是否符合现实，如有出入，应尽快调整。

四十岁至五十岁：及时"充电"。

这一阶段，是人生的收获季节，也是事业上获得成功的人大显身手的时期。对于到了这个年龄仍一无所得、事业无成的人应深刻反省一下原因何在。重点在自己身上找原因，对环境因素也要做客观分析，切勿将一切原因都归咎于外界因素。只有正确认识自己，找出客观原因，才能解决人生发展的困阻，把握今后的努力方向。

此阶段的另一个任务是继续"充电"。很多人在此阶段都会遇到知识更新问题，特别是近年来科学技术高速发展，知识更新的周期日趋缩短，如不及时"充电"，将难以满足工作需要，甚至影响事业的发展。

五十岁至六十岁：做好晚年生涯规划。

此阶段是人生的转折期，无论是在事业上继续发展，还是准备退休，都面临转折问题。由于医学的进步，生活水平的提高，很多人此时乃至以后的十几年，都能身体健康，照样工作，所以做好晚年生涯规划十分重要。日本的职工一般是45岁时开始做晚年生涯规划；美国的职工是50岁时做晚年生涯规划。我国的职工按退休年龄提前5年做晚年生涯规划即可。

此阶段的主要内容应包括以下几个方面：一是确定退休后的二三十年内，你准备干点什么事情，然后根据目标，制定行动方案；二是学习退休后的工作技能，最好是在退休前三年开始着手学习；三是了解退休后再就业的有关政策；四是寻找工作机会。目前我国已有离退休人员的人才职业介绍所，可提前与这些部门联系，取得他们的帮助。

二、职业生涯规划范文

1. 自我评估

（1）兴趣爱好：我是一名高等职业学校学生，平日里除了学习，喜欢看书，尤其是漫画书。这在很多人眼里好像很幼稚，但是我并不这样认为，我觉得书中有很多值得我们学习的地方，不论是名著还是小说抑或是漫画都是这样。

（2）优势与优点：我是家中的独生女，都说现在的独生子女都被宠坏了，做事不计后果，为人自私。但是我并不是这样，我做什么事都会先考虑清楚，会为他人着想。这是我觉得自己好的地方。我无论做什么事都能考虑周详，与他人相处也很和谐。

（3）劣势与缺点：做什么事都爱考虑周详的我，有时会因为考虑过多而不果断，也会影响判断事情的正确性。而经常为他人考虑的我，会因为太在意别人而失去自我。我觉得我的性格和人品都没问题，就是缺乏自信心和独立解决问题的能力。

（4）生活中的成功经验与失败教训：来到了高等职业学校（后简称"高职"）继续学习，这离不开家人对我的支持。高考落榜对我打击很大，现在进入了高职，我要求自己要用心，对待学习要持之以恒。在学校锻炼自己，使自己变得优秀。

（5）职业取向的分析测试：为了进一步认清自己是属于何种类型的社会人，初步确定今后未来数年内更适宜从事的工作岗位究竟是什么，我对自己进行了相关测试。通过职业取向的分析测试表明，我比较适合文员类或是服务类的行业。

2. 未来职业规划

（1）确定职业道路：根据自己的兴趣和所学专业，未来应该在教师或是翻译两方面选择就业取向。

（2）长期规划：围绕这两个方面，我对未来二十年初步规划如下：

①2008—2011年，学习基础期：充分利用校园环境及条件优势认真学好专业知识，全面提高个人综合素质，并为专升本做准备。

②2011—2013年，学业有成期：进入本科的学习，培养学习、工作、生活能力，为就业做准备。

③2013—2015年，熟悉适应期：利用这两年的时间，去努力尝试，初步找到适合自己的工作岗位。

④2015—2028年，在自己的工作岗位上踏实的工作，积极进取。在适合的时间结婚。

长期规划的主要内容：

①学历、知识结构：提升自身学历层次，专升本，专业技能熟练。日语过一级、普通话过级，且拿到导游、计算机等级证书。开始接触社会，工作并熟悉工作环境。

②个人发展、人际关系：做好职业生涯规划，加强沟通，虚心求教，精益求精。

③婚姻家庭：工作稳定后会考虑结婚。

④生活习惯、兴趣爱好：要养成良好的个人生活习惯，多看书，增加自己的文化储备。当然也要适量的运动，提高自己的身体素质。

（3）中期计划：在校期间努力学习专业知识，为以后进一步深造打好基础。在本科毕业后尝试找工作，熟悉社会环境，找到适合自己的工作。

中期规划的主要内容：

①学历、知识结构：取得毕业证书及学士学位证书，日语过一级。

②个人发展、人际关系：按照自己规划的目标前进，建立良好的人际关系。

③婚姻家庭：毕业后短期内不考虑结婚。

④生活习惯、兴趣爱好：多看与本专业相关的书籍，增加自己的专业知识储备。养成良好的生活习惯。

（4）短期计划。

①在校期间总的目标和规划：

思想道德：学校开设的有关思想道德的课要用心听讲。进入高职就等于进入半个社会，必须树立正确的道德观念，培养健康、积极向上的思想，在学习的同时提高自身的素质与修养。

学业方面：第一年，学好基础知识，为以后的学习打下坚实的基础，考过普通话二级甲等证书。第二年，进行专业知识的升华，将专业知识学精学细，考过日语三级证书。第三年，进行专升本考试的准备，考取日语本科继续学习。

社会实践：参加各类社会实践，锻炼自己的能力。

学术与创新：多看与所学专业相关的书籍，因为我学的专业是语言方面的，应该多去了解所学语言国的文化，以便更加深入的学习。对于一些知识也可以有自己独到的见解。

文体艺术：我对于文体艺术方面不是太了解，也不打算深入。在校期间，适量的锻炼和运动，能提高自己的身体素质就达到了我对于这方面的目标。

社团活动：多参加校内活动，丰富自己的校园生活。尤其是和日语有关的活动，要尽可能地去参加，提高自己的专业水平和应变能力。

发展方面：由于以后想要从事的行业是文员或是教师，所以一定要有足够的专业知识储备。可以在学校试着做一些与这些职业相关的事，向自己想要发展的方向前进。

②三年阶段规划：

适应期：刚进入高职，学习和生活难免会有不适应，可以先用一个月的时间去适应高职的学习生活，一边进行基础学习，一边去适应。高校是自主学习的阶段，要不要学、怎么学全凭你自己。所以，刚进高校的我们往往感到迷茫。对此，应该尝试着去做，不要怕做错，多去尝试和接触。充分利用学校的环境和条件优势，认真学好专业知识。

定向期：做什么事都要有个明确的目标，没有目标就没有动力。所以在第二年，我要确定我的发展方向并且朝着这个目标努力。原先的计划要一一实现，日语二级一定要过。

分化冲刺期：有了坚实的专业基础和明确的目标，并且一直在朝着目标前进。但是到了第三年就要考虑是继续学习，还是去找工作。我的选择是专升本，继续进一步的学习。为此，这一年我必须更加努力地准备，用大量的时间去备考，然后参加专升本的考试。

计划是人人都会的，计划可以让你有一个明确的目标。但是，做与否还在于自己。俗话说得好："说得好不如做得好。"如果只是一味地计划而不去实施，那也只能是空谈而已。每一个人都希望自己有个美好的未来，而每个人的想法不同，每个人的梦想不同，努力的方向就不同。但是，我们都在为自己的梦想而努力奋斗着。实际情况在不断变化，订出的计划很有可能遭遇意外的困难，这就要求我们用清醒的头脑去解决可能遇到的问题。

三、自我认知是择业和就业的基础

日本保险业泰斗原一平在 27 岁时进入日本明治保险公司开始推销生涯。那时，他穷得连中餐都吃不起，并露宿公园。有一天，他向一位老和尚推销保险，等他详细说明之后，老和尚平静地说："听完你的介绍之后，丝毫引不起我投保的意愿。"老和尚注视原一平良久，接着又说："人与人之间，像这样相对而坐的时候，一定要具备一种强烈吸引对方的魅力，如果你做不到这一点，将来就没什么前途可言了。"原一平哑口无言，冷汗直流。老和尚又说："年轻人，先努力改造自己吧！""改造自己？""是的，要改造自己首先必须认识自己，你知不知道自己是一个什么样的人呢？"老和尚又说："你要替别人考虑保险之前，必须先考虑自己，认识自己。""先考虑自己，认识自己？""是的，赤裸裸地注视自己，毫无保留地彻底反省，然后才能认识自己。"从此，原一平开始努力认识自己，改善自己，终于大彻大悟，成为一代推销大师。

自我认知，就是通常说的认识自己，是指一个人对自己的认识、评价和期望。在心理学的领域内，自我认知是一个非常重要的课题。充分的、客观的自我认知是心理健康的基础，同时也是中职学生正确择业、顺利就业的重要前提。

自我了解是中职学生进行职业选择的第一步。在自我了解的基础上去了解外部信息、职场情况将更有效率，你可以有的放矢地搜寻那些可能符合你个人特质的工作信息，而不至于盲目地、徒劳地把时间、精力、物力浪费在一些明显不适合的领域。

四、职业性格测试

在职业心理中，性格影响着一个人对职业的适应性，一定的性格适于从事一定的职业；同时，不同的职业对人有不同的性格要求。因此，在考虑或选择职业时，不仅要考虑自己的职业兴趣，还要考虑自己的职业性格特点。下面的测验根据人的职业性格特点和职业对人的性格要求两方面来划分类型，每一种职业都与其中的几种性格类型相关。

根据自己的实际情况，对下面的问题做出回答。将每小问回答"是"的次数计入括号。

第一组

（1）喜欢内容经常变化的活动或工作情景。

（2）喜欢参加新颖的活动。

（3）喜欢提出新的活动并付诸行动。

（4）不喜欢预先对活动或工作做出明确而细致的计划。

（5）讨厌需要耐心、细致的工作。

（6）能够很适应新环境。

第一组总计次数（　　　）

第二组

（1）当注意力集中于一件事时，别的事很难使我分心。

（2）在做事情时，不喜欢受到出乎意料的干扰。

（3）生活有规律，很少违反作息制度。

（4）按照一个设计好的工作模式来做事情。

（5）能够长时间做枯燥、单调的工作。

第二组总计次数（　　　）

第三组

（1）喜欢按照别人的批示办事，不需要负责任。

（2）在按别人指示做事时，自己不考虑为什么要做这些事，只是完成任务。

（3）喜欢让别人来检查工作。

（4）在工作上听从指挥，不喜欢自己做出决定。

（5）工作时喜欢别人把任务的要求讲得明确而细致。

（6）喜欢一丝不苟地按计划做事，直到得到一个圆满的结果。

第三组总计次数（　　　）

第四组

（1）喜欢对自己的工作独立做出计划。

（2）能处理和安排突然发生的事情。

（3）能对将要发生的事情负起责任。

（4）喜欢在紧急情况下果断做出决定。

（5）善于动脑筋，出主意，想办法。

（6）通常情况下对学习、活动有信心。

第四组总计次数（　　　）

第五组

（1）喜欢与新朋友相识和一起工作。

（2）喜欢在几乎没有个人秘密的场所工作。

（3）试图忠实于别人且与别人友好。

（4）喜欢与人互通信息，交流思想。

（5）喜欢参加集体活动，努力完成所分给的任务。

第五组总计次数（　　）

第六组

（1）理解问题总比别人快。

（2）试图使别人相信你的观点。

（3）善于通过谈话或书信来说服别人。

（4）善于使别人按你的想法来做事情。

（5）试图让一些自信心差的同学振作起来。

（6）试图在一场争论中获胜。

第六组总计次数（　　）

第七组

（1）你能做到临危不惧吗？

（2）你能做到临场不慌吗？

（3）你能做到知难而退吗？

（4）你能冷静处理好突然发生的事故吗？

（5）遇到偶然事故可能伤及他人时，你能果断采取措施吗？

（6）你是一个机智灵活，反应敏捷的人吗？

第七组总计次数（　　）

第八组

（1）喜欢表达自己的观点和感情。

（2）做一件事情时，很少考虑它的利弊得失。

（3）喜欢讨论对一部电影或一本书的感情。

（4）在陌生场合不感到拘谨和紧张。

（5）相信自己的判断，不喜欢模仿别人。

（6）很喜欢参加学校的各种活动。

第八组总计次数（　　）

第九组

（1）工作细致而努力，试图将事情完成得尽善尽美。

（2）对学习和工作抱认真严谨、始终如一的态度。

（3）喜欢花很长时间集中于一件事情的细小问题。

（4）善于观察事物的细节。

（5）无论填什么表格态度都非常认真。

（6）做事情力求稳妥，不做无把握的事情。

第九组总计次数（　　）

统计和确定你的职业性格类型：

组	回答"是"的次数	相应的职业性格
第一组	（　）	变化型
第二组	（　）	重复型
第三组	（　）	服从型
第四组	（　）	独立型
每五组	（　）	协作型
第六组	（　）	劝服型
第七组	（　）	机智型
第八组	（　）	好表现型
第九组	（　）	严谨型

选择"是"的次数越多，则相应的职业性格类型越接近你的性格特点；选择"否"的次数越多，则相应职业性格类型越不符合你的性格特点。

各类职业性格的特点：

［变化型］这些人在新的和意外的活动情景中感到愉快，喜欢经常变换职业。他们追求多样化的生活，以及那些能将其注意力从一件事转到另一件事上的工作情景。

［重复型］这些人喜欢连续不断地从事同样的工作，他们喜欢按照一个机械的和别人安排好的计划或进度办事，喜欢重复的、有规则的、有标准的职务。

［服从型］这些人喜欢按别人的指示办事。他们不愿自己独立做出决策，而喜欢对分配给自己的工作负起责任。

［独立型］这些人喜欢计划自己的活动和指导别人的活动，他们在独立和需负责的工作中感到愉快，喜欢对将要发生的事情做出决定。

［协作型］这些人在与人协同工作时感到愉快，他们想要得到同事们的喜欢。

［劝服型］这些人喜欢设法使别人同意他们的观点，这一般通过谈话或写作来达到。他们对于别人的反应有较强的判断力，且善于影响他人的态度、观点和判断。

［机智型］这些人在紧张和危险的情景下能很好地执行任务，他们在危险的状态中总能自我控制和镇定自若。他们在意外的情况下工作得很出色，当事情出了差错时，他们不易慌乱。

［好表现型］这些人喜欢表现自己的爱好和有个性的工作情景。

［严谨型］这些人喜欢注意细节精确，他们按一套规则和步骤将工作做得完美。他们倾向于严格、努力地工作，以便能看到自己出色地完成工作后的效果。

五、气质测试

本测试题共 60 道题目，目的只是大概了解一下你的性格类型。回答这些问题应实事求是，怎么样想就怎么样回答，不必多做考虑，因为并没有什么标准答案和好坏之分。

看清题目后请记分，认为最符合自己情况的计 2 分；比较符合的计 1 分；介于符合与不符合之间的计 0 分，比较不符合的计 -1 分；完全不符合的计 -2 分。（提示：可以先在纸上写好 1~60 的题号，预留填写分值的位置，以便按照题号计算。）

（1）做事力求稳妥，不做无把握的事。

（2）遇到生气的事就怒不可遏，想把心里话说出来才痛快。

（3）宁可一个人干事，不愿很多人在一起。

（4）到一个新环境很快就能适应。

（5）厌恶那些强烈的刺激，如尖叫、噪音、危险镜头等。

（6）和人争吵时，总是先发制人，喜欢挑衅。

（7）喜欢安静的环境。

（8）喜欢和人交往。

（9）羡慕那些善于克制自己感情的人。

（10）生活有规律，很少违反作息时间。

（11）在多数情况下情绪是乐观的。

（12）碰到陌生人觉得很拘束。

（13）遇到令人气愤的事，能很好地自我克制。

（14）做事总是有旺盛的精力。

（15）遇到问题常常举棋不定，优柔寡断。

（16）在人群中从不觉得过分拘束。

（17）情绪高昂时，觉得干什么都有趣；情绪低落时，觉得干什么都没有意思。

（18）当注意力集中于一事物时，别的事物就很难使我分心。

（19）理解问题总比别人快。

（20）遇到不顺心的事从不向他人说。

（21）记忆能力强。

(22) 能够长时间做枯燥、单调的事。

(23) 符合兴趣的事，干起来劲头十足，否则就不想干。

(24) 一点小事就能引起情绪波动。

(25) 讨厌做那种需要耐心、细致的工作。

(26) 与人交往不卑不亢。

(27) 喜欢参加激烈的活动。

(28) 爱看感情细腻、描写人物内心活动的文学作品。

(29) 工作学习时间长了，常感到厌倦。

(30) 不喜欢长时间谈论一个话题，愿意实际动手干。

(31) 宁愿侃侃而谈，不愿窃窃私语。

(32) 别人说我总是闷闷不乐。

(33) 理解问题时常比别人慢些。

(34) 疲倦时只要短暂的休息就能精神抖擞，重新投入工作。

(35) 心里有事，宁愿自己想，也不愿说出来。

(36) 认准一个目标就希望尽快实现，不达目的，誓不罢休。

(37) 和别人学习、工作同样一段时间后，常比别人更疲倦。

(38) 做事有些莽撞，常常不考虑后果。

(39) 别人讲授新知识、技术时，总是希望他讲慢些，多重复。

(40) 能够很快忘记那些不愉快的事情。

(41) 做作业或完成一件工作时总比别人花费的时间多。

(42) 喜欢运动量大的剧烈活动，或参加各种文体活动。

(43) 不能很快地把注意力从一件事转移到另一件事上去。

(44) 接受一个任务后，就希望把它迅速解决。

(45) 认为墨守成规要比冒风险强些。

(46) 能够同时注意几件事物。

(47) 当我烦闷的时候，别人很难使我高兴。

(48) 爱看情节起伏跌宕、激动人心的小说。

(49) 对工作抱认真谨慎、始终如一的态度。

(50) 和周围人们的关系总是相处不好。

(51) 喜欢复习学过的知识，重复做已经掌握的工作。

(52) 喜欢做变化大、花样多的工作。

(53) 小时候会背的诗歌，我似乎比别人记得清楚。

(54) 别人说我"出语伤人"，可我并不觉得这样。

(55) 在体育运动中，常因反应慢而落后。

(56) 反应敏捷，大脑机智。

（57）喜欢有条理而不甚麻烦的工作。

（58）兴奋的事情常使我失眠。

（59）别人讲新概念，我常常听不懂，但是弄懂以后就很难忘记。

（60）假如工作枯燥无味，马上就会情绪低落。

做好后请根据下列题号的顺序分别算出四种类型的得分：

胆汁质：

2，6，9，14，17，21，27，31，36，38，42，48，50，54，58

多血质：

4，8，11，16，19，23，25，29，34，40，44，46，52，56，60

黏液质：

1，7，10，13，18，22，26，30，33，39，43，45，49，55，57

抑郁质：

3，5，12，15，20，24，28，32，35，37，41，47，51，53，59

计分标准是：如果某种气质的得分数均高于其他三种气质得分数 4 分，则可定为该气质类型的人。此外该气质的得分数超过 20 分，则为典型型。如果得分在 10～20 分之间，为一般型。若两种气质的得分数差异小于 3 分，又明显高于其他两种达 4 分以上，可判定为两种类型的混合型；同样，如果三种气质的得分高于第四种，而且很接近，则为三种气质的混合型。

气质四种类型：

多血质的人思维灵活、反应迅速、好交际、敏感；但易浮动、急躁不稳。

胆汁质的人直率热情、精力旺盛；但失之鲁莽、易于冲动、准确性差。

黏液质的人安静沉稳、自制忍耐；但反应缓慢，朝气不足。

抑郁质的人细腻深刻、踏实细致；但多愁善感、孤僻迟缓。

六、制定"可测生涯目标"很重要

1952 年 7 月 4 日清晨，加利福尼亚海岸笼罩在浓雾中。一名叫费罗伦丝·查德威克的 34 岁女人，在海岸以西 21 英里的卡塔林纳岛上，涉水下到太平洋中，开始向加州海岸游过去。要是成功了，她就是第一个游过这个海峡的妇女。在此之前，她是游过英吉利海峡的第一个妇女。

那天早晨，海水冻得她身体发麻，雾很大，她连护送她的船都几乎看不到。时间一个钟头一个钟头过去，千千万万人在电视上看着。有几次，鲨鱼靠近了她，被人开枪吓跑。在以往这类渡海游泳中最大的问题不是疲劳，而是刺骨的水温。15 个钟头之后，她又累又冻得发麻。她知道自己不能再游了，就叫人拉她上船。她的母亲和教练在另一条船上。他们都告诉她海岸很近了，叫她不要放弃。但她朝加州海岸望去，除了浓雾什么也看不到。

几十分钟之后——从她出发算起 15 个钟头零 55 分钟之后，人们把她拉上船。又过了几个钟头，她渐渐觉得暖和多了，这时却开始感到失败的打击，她不假思索地对记者说："说实在的，我不是为自己找借口，如果当时我看见陆地，也许我能坚持下来。"

人们拉她上船的地点，离加州海岸只有半英里！后来她说，令她半途而废的不是疲劳，也不是寒冷，而是因为她在浓雾中看不到目标。查德威克小姐一生中就只有这一次没有坚持到底。

两个月之后，她成功地游过同一个海峡。她不但是第一位游过卡塔林纳海峡的女性，而且比男子的纪录还快了大约两个钟头。

这个真实的例子，说明了一个人若看不到自己的目标会有怎样的结果。查德威克虽然是个游泳好手，但也需要看见目标，才能鼓足干劲完成她有能力完成的任务。当你规划自己的职业成功时，千万别低估了制定可测目标的重要性。

七、在劳动力市场可获得哪些就业信息

在正规的劳动力市场（如职业介绍所、人才交流机构等），通过咨询可以获得有关职业岗位的需求信息和职业岗位对从业者素质的要求信息。

职业岗位需求信息包括什么行业需要劳动力？目前哪些行业就业人数多？哪些岗位就业竞争激烈？哪些行业或职业就业人数少？哪些岗位就业容易？各类职业的报酬如何？等等。这些机构常年研究劳动力市场的变化，对这些问题一般能给出比较准确的回答。

职业岗位对从业者素质的要求：任何职业对人的素质都有一定的要求，这些素质包括对从业者生理素质的要求、心理素质的要求、知识素质的要求、能力素质的要求、思想品德素质（包括职业道德素质）的要求等。这些机构常年为用人单位输送劳动力，对用人单位喜欢什么样的人，不喜欢什么样的人，什么职业岗位需要什么样的人等问题有较为准确地了解，他们可以为你准确地提供这方面的信息。在许多职业介绍和就业咨询部门都设有专门的咨询员，备有各种心理测验和职业测验工具，帮助你了解自己适合哪类职业。

八、不同的组织结构和企业文化的适合程度分析

组织结构与企业文化是打造企业核心竞争力的根本。企业在不同的发展阶段有不同的组织结构与其适应，这是管理学界的一种共识。总体上，可以将组织结构分为四种：

创业型小企业，人员不多，主要依赖于创业者的天才决策。结构扁平化，决策迅速而有执行力。但是这类企业资金紧张，面临来自各个方面的生存压力。如

博客网在融资到位前就处于这种组织形式。

按部门职能划分的部门职能型企业，随着公司规模的扩大，增添了对各类专业人才（如人力资源、财务、法务）的需要，为了充分利用这些专业人士，公司将会成立相应的部门来统一管理专业事务，在部门内，沟通与决策的成本将会降低。职能部门制的出现，使扁平化的组织结构转变为垂直型的组织结构。这种组织结构拥有非常多的优点。比如说职能人员的充分利用，有序的控制，各部门能够产生规模经济的效应。这类组织的缺点主要表现在，跨部门沟通的成本较高，反应决策速度慢。

事业部制的大企业，随着企业的进一步扩大，部门间的沟通不畅成为越来越严重的问题，致使规模不经济的产生。这时候一些公司会将一些业务独立出去，成立专门的事业部。事业部内也设置相应职能部门。这种部门设置缓解了事业部内部的决策与沟通问题，但是对集团总部对各事业部的控制提出了新的要求。

流程型企业，将组织结构扁平化，放权。根据设计好的流程体系，以流程为核心进行业务运作。但是流程型企业是建立在小组团队工作的文化基础上的，对企业人员素质与企业文化有相当高的要求。

在竞争环境相对稳定，变动不快的行业领域，职能型企业工作得很好。但是对于竞争很大，变动很快，需要迅速决策并执行的领域，职能型企业往往无法适应迅速变化的需要。而相对于这种情况，扁平化的组织结构往往有更佳的创新能力，能更加迅速地推出适应市场的新产品，拥有更强的竞争力。

此外，职能型企业，容易滋生部门本位思想，各部门的人将各自的工作割裂开来，这一方面会造成沟通方面的障碍，另一方面也会对实际工作的开展造成无法预见的风险。各部门容易追求各自利益的最大化，而忽略整个公司的利益。

在20世纪90年代中后期，80%以上世界级大公司的组织架构一直处于变动之中，有研究指出，单纯的战略决策的实施，如果没有相应的组织结构与之相适应，将不会有较大的绩效改善。这强调了公司战略与组织结构的适应性。

21世纪，管理学界一直倡导流程导向型企业，其优点是各部门对完成一件事情有一个统一的认识。最终的工作是以结果为导向，每一个人作为流程中的一部分，为最终结果负责。所以，对于每个人来说，事件不是割裂的部分，而是一个整体。

然而实现流程导向，其关键是公司的企业文化。根据麦肯锡的7－S框架，企业文化主要的核心是企业共同的价值观，企业文化还受企业的体制、团队、组织架构、领导、技术、风格和战略等要素与员工的共同价值观的相互作用。其根本最终还是归结为一个因素，就是人。

在设计团队人选与角色的时候，基本上团队组织者就会考虑到人的风格与配合问题。一个人的经验与技能是可以培养的，但是一个人已经形成的性格、思维方式与行为习惯将是很难转变的。因此，团队建设的初始在于团队人选的设计。一个部门是一个团队，有各自的分工。同时也是一个整体，有些事情的完成需要不同的知识和经验，但是有些事情的完成，需要的只是时间与执行。让有经验的人花费更多的时间去找出问题，让缺乏经验的人可以在被指导的过程中学习（人力储备），并将需要准备的东西完成。这样节省了有经验的人的时间，可以让宝贵的人力资源得到充分利用。

团队建设，与团队的领导的自身风格是紧密相关的。

流程企业，以结果为导向，以时间为基准进行效率衡量，减去不必要的环节，建立最优的流程。提升企业总体效率。同时公司应适当放权，鼓励自由与开放的风气，让公司内部充满活力。而不是将一切都体现在纸面的文书记录中。文书是必要的，但是文书记录不是在每一个环节都被倡导的。

九、社会需求——如何选择更容易成功的机会

社会对职业的需求源于两个方面：

一种是既有的，我们可以看到前人已经在这个职业领域奋斗。这样的职业需求需要从三个方面进行分析。

首先是人力资源供求关系处于什么状况，是供大于求、求大于供，还是基本平衡？这种判断基于当前，却要着眼于未来的趋势，需要一定的预测能力。比如药剂师职业、物流职业都属于短缺职业，未来几年基本属于求大于供，属于可以进入的行业。

其次是人力资源的供给结构是否合理，某些行业因为待遇、传统地位等原因受到人们的青睐，高学历、高层次人才云集，供给结构存在普遍的高才低配现象。比如硕士研究生进高等学校从事教务员的工作，这样的行业一般要回避。也有些行业因为历史的原因，未能培养专业化的人才，或者现在面临专业化的转型需求，需要人力资源的升级换代。前几年人力资源人员的短缺就属于这种类型，从人事工作向人力资源工作的转型带来了大量的发展机会，许多从事教育工作、企业管理工作、法律工作的人进入了这一领域并获得了成功。但是现在转行进入该职业就有较高的专业门槛。目前还可以进入的类似职业包括基础教育、物业管理、饭店管理等。

再次是进入这个行业的机会与成本。除了上述供求关系、结构问题之外，还要分析自己可以进入这个行业的资源，比如合适的人际关系资源。成本问题也很重要，比如进入酒店行业之后，短期内要适应酒店行业的"圈子文化"，要与操作层面的员工打成一片，我们能否接受这种改变？

选择那些人才稀缺的地方，才能有更多脱颖而出的机会，才能使你的价值放大，收到更大的人力资本使用效益。

另一种是新生的需求，包括人数还比较稀少的和我们作为首创者的。随着人们生活水平越来越高，需求越来越多，社会上的职业门类也越来越多，还有许多职业正在酝酿中。其中有的是原有职业的发展和变异，比如驾驶陪练、家庭心理咨询师等，有的是新生的，比如证券上市保荐人代表、拓展教练、飞行教练、汽车代驾、电子游戏程序开发员等。

至于首创一种职业，进入新的领域意味着存在新的机会，同时也伴随着未知的风险。进入新领域贵在"先入为主"，山中无老虎，猴子称霸王，一旦该职业发展起来，你就会成为"鼻祖"，可以充分享受你的先发优势奠定的基础。但是首创职业也需要敏锐的商业眼光、令人信服的专业技能作为支撑。

十、谋定身动——如何进行职业准备

一旦确定了职业目标，就要为实现自己的职业目标进行准备。中职学生的职业目标应当在进校后就开始确定。在校期间还可以通过尝试各种兼职，发现自己的职业兴趣和职业能力。提前进行职业准备，将有助于减少我们在社会上为选择职业付出的成本，增加我们成功的可能性。

进行职业准备主要包括两个方面：一是获取从事该项职业的知识和技能。这种获取主要通过学校教育和自学来实现。在校学习期间就要充分利用时间，获取我们将来从事的职业的资本。有专业才会有高度，任何时候，把一个专业做精了，都是可以获得竞争优势的。有些应届毕业生常常在进行专业测试时暴露出他们在校园中虚度时光的事实。二是培养所选职业的职业意识以及这种职业所要求的综合能力。在校期间我们就要关注有关这种职业的信息，了解相关行业的最新发展动态，根据变化及时调整自己的就业计划。最后1~2个学期可以选择自己中意的单位去实习，获得实际的操作经验。

一般用人单位都会考察三种能力：口头以及书面表达能力、解决问题的能力和团队合作的能力。在校期间应当参加学生团体，那里有大量解决问题、组织协调的机会，可以培养这些相关能力。有关性格方面的缺陷也需要在学校里进行完善，以便就业后更好地适应工作的需要。

活 动 建 议

活动一　班级小组讨论：职业生涯设计真的只是纸上谈兵吗

一、活动目的

使学生正确认识职业生涯设计的意义。

二、活动要求

每个学生参与讨论。

三、活动方案

可将学生分成、正反方两组进行讨论，教师做辩论主持，给学生充分发言的机会，直到每组总结陈词的代表发言完毕后，老师进行总结，并突出职业生涯设计和实施是同等重要的，设计再好，没有行动只是纸上谈兵。没设计，分期目标不明，行动易盲目。

活动二　制订一份切实可行的个人职业生涯规划书

一、活动目的

检验学习的成果。

二、活动要求

每个学生编写一份职业生涯规划书。

三、活动方案

教师讲解方法和范文，给学生一周左右的时间去完成。学生提交后，可组织班级同学互相检查设计是否符合个人实际，是否具有操作性。最后教师提出指导性修改意见，由学生自己修改定稿并制成规范文本，作为职业生涯实施步骤的指导。

活动三　我是谁

一、活动目的

帮助学生了解自己。

二、活动要求

学生通过表格设计问题来描述自己。

三、活动方案

教师设计"我是谁"、"我能做什么"、"我的特点"等表格，让同学们独立填写，再由同学们相互帮助，对照自己的认知是否恰当。

我是谁：

我能做什么：

我的特点：

(1) 自我测试。

我是……（个性形容词），我觉得我的身高……

我不……（私人的忌讳），我的体重令我……

我喜欢……（兴趣、喜好），我常有的表情是……

我曾……（得意或失意的事），我不喜欢的外表一部分是……

我想……（意愿或理想），我喜欢别人形容我……

我要……（强烈的拥有），我最想要听别人说我……

我很……（特别的喜好或厌恶），我不喜欢人家讲我是……

(2) 自我反省。

（别人知道的部分）优点：　　　　　缺点：

（别人不知道的部分）优点：　　　　　缺点：

活动四　自我测试

一、活动目的

帮助学生学会认知自我的方法。

二、活动要求

让学生运用自我测试法进行自我认知。

三、活动方案

可让学生在班会上轮流发言，谈谈自己记忆中经历的最为满足的事情，并尝试总结自己的性格、兴趣及气质等。

【学习收获】

同学们，在学习"生涯规划的设计与实施"的内容后，你有什么收获，用几句话写下来。

【活动情况记录】

活动时间：

活动方式：

【效果评价】（教师填写）

【意见和建议】

主题二　职业意识的培养

　　陈某是法国一所名牌大学的在读博士研究生，每天都要乘坐地铁往返于学校和自己的住处。渐渐地，他发现当地的地铁几乎都是开放式的，不设检票口，也没有检票员；甚至连随机性的抽查都非常少。他精确地估算了一下，得出这样一个概率——逃票而被查到的比例大约仅为万分之三。他为自己的这个发现沾沾自喜。从此之后，他便开始经常逃票上车。他还找到了一个宽慰自己的理由：自己还是个穷学生嘛，能省一点是一点吧。

　　毕业后，他想在法国谋到一份薪水优厚的工作。但他去了多家跨国公司，找了好久，却没有一家公司肯接纳他。他把自己的条件重新审视了一番，自己的毕业成绩很优异，所学专业也很热门，这些公司没有理由把自己拒之门外呀。于是，他决定再去一家公司面试，结果仍然同以前一样。他实在想不明白，就写了一封措辞非常恳切的电子邮件，发送给了其中一家公司的人力资源部经理，请经理一定要告诉他没有被录用的理由。

　　当天晚上，他就收到了对方的回复——"陈先生，我们十分赏识您的才华，但我们调阅了您的信用记录后，非常遗憾地发现，您有三次乘车逃票受罚的记载。我们认为此事至少证明了两点：1. 您不尊重规则。2. 您不值得信任。鉴于以上原因，本公司不敢冒昧地录用您，请您谅解。"

　　任何一种职业都要求从业者具备相应的职业技能、创新能力、团体协作能力以及相关的其他职业能力。在招聘员工时，招聘单位自然要考察应聘者是否具备这些能力。但除此之外，应聘者是否拥有良好的职业意识，如是否诚信、有没有敬业精神、责任感如何等也同样重要，甚至这些往往是招聘单位首先就要考察的。能以名牌大学的博士学历毕业，陈某的知识和能力自然是不用怀疑的，但恰恰是生活里缺乏诚信导致他在求职时屡屡碰壁。陈某的经历给我们提出了重要的问题：我们该如何看待职业意识？我们怎么样才能增强自己的职业意识？

基 本 知 识

一、塑造敬业形象

敬业，就是尊重、尊崇自己的职业。敬业要求我们用一种恭敬严肃的态度去对待自己的职业，对本职工作专心、认真、负责。敬业有两种态度：一是为谋生而敬业。许多人是抱着强烈的挣钱养家、发财致富的目的对待职业，这种敬业道德的因素少，个人利益色彩较重。二是真正认识到自己工作的意义而敬业，这是高一层次的敬业，这种内在的精神，才是鼓舞人们勤勤恳恳、认真负责的强大动力。

心理学家经过调查研究发现，致使一些聪明人事业失败的重要原因是，尽管他们个人才华、学识出众，然而这无法弥补他们态度中更为致命的缺陷——缺乏敬业的投入精神，缺乏对所在单位的忠诚以及在责任感中激发出来的主动性。

敬业具有鲜明的自觉特色，集中表现在人们在职业活动中的品行、人格和内心世界中。敬业的人，会在内心深处形成对自己职业的标准要求，一旦有所失误，就会内疚和自责。它会在从业过程中持续地激励人尽职尽责，从而在道义上保证本职工作的圆满完成。从业者具备了这种精神，无论从事什么职业，都会表现出为事业尽其所能、无私忘我的积极主动性，不会朝三暮四、见异思迁。

1. 敬业成就事业

（1）敬业是遵守职业道德的体现。许多成功人士的经历都说明了敬业对个人发展的重要性，对待任何工作都要有一个认真的态度，都要积极主动地去完成每一项工作。敬业最能体现职业道德对从业者的要求，它反映的是从业者与自己所从事的职业工作的关系，要求从业者对自己所从事的职业要热爱和精通，从素质上具有行使职业权利、履行职业义务、担负职业责任的情感、意志和能力，这是对从业者最基本的职业道德要求。没有敬业精神，就难以在职业活动中建立和谐的协作关系，就不会用心去完成分配给自己的每一项工作任务，也不可能成就辉煌的事业。

（2）敬业才能做到乐业、勤业和精业。敬业是做好一切工作的基础。当一个从业者具备敬业精神时，他就会对职业产生虔诚的神圣感，才能以饱满的工作热情、积极的创新精神、甘于奉献的务实作风瞄准目标、坚韧不拔、努力做到最好，也才能真正做到乐业、勤业和精业。当敬业意识植根于我们的脑海里，那么我们做起来就会积极主动，并从中体会到快乐，从而获得更多的经验，取得更大的成功；同样，在敬业精神的支配之下，我们才能经受住工作中的艰难困苦，勤奋、刻苦、顽强地钻研自己的本职工作，最终使自己的本职工作的技术、业务水平不断提高，精益求精，从而最大限度地做好自己的工作，在职业岗位上实现自己的人生价值。

（3）敬业有时比能力更重要。一个员工能力再强，如果他不愿意付出，他就不能为企业创造价值；而一个愿意为企业全身心付出的员工，即使能力稍逊一筹，也能够在敬业精神的支配下，刻苦钻研业务，提高工作能力，最终为企业创造最大的价值。一个人是不是有能力固然很重要，但最关键的还是这个人是不是一个敬业的员工。真正敬业的员工不管职位高低，不论从事的工作是不是自己所爱，都会兢兢业业、全心全意地投入。

教师提示

> ➤ 工作能满足我们对物质、安全的需求，使我们对未来的生活有安全感。
> ➤ 工作能满足我们社会交往的需求，使我们建立起自己的社会关系网络。
> ➤ 工作能满足我们自尊的需求，给我们带来一种被人敬重的认同感。

2. 传承敬业精神

敬业精神，就是人们基于对一件事情、一种职业的热爱而产生的一种全身心投入的精神，其核心是无私奉献。敬业精神体现在职业活动领域，就是要求我们树立主人翁责任感、事业心，追求崇高的职业理想；培养认真踏实、恪尽职守、精益求精的工作态度；力求干一行、爱一行、专一行，努力成为本行业的行家里手；摆脱单纯追求个人和小集团利益的狭隘眼界，具有积极向上的劳动态度和艰苦奋斗精神；保持高昂的工作热情和务实苦干精神，把对社会的奉献和付出看做无上光荣。

（1）敬业精神的本质是"热爱本职、忠于职守"。热爱本职是一种职业情感，它是指从业者以正确的态度对待职业劳动，热爱本职工作的一种职业情感。每个从业者，无论在什么职业岗位上，都应热爱自己所从事的职业，争取在职业活动中作出较大的贡献。今天，我们正在全面建设小康社会，这一伟大的事业必须依靠人民群众的积极性、主动性和创造性。不同职业岗位上的劳动者相互联系、相互依赖，构成现代化建设的职业群体。正如一台机器上的无数螺丝钉，虽然很小，但价值无量。社会生活中离开了每一位具体的职业工作者，社会这部大机器的运转就会受到影响。只有我们每个从业者热爱本职工作并全身心投入到本职工作中，现代化建设事业才会兴旺发达。

忠于职守是一种职业行为。忠于职守是指从业者安心于本职工作，忠实地履行职业责任，对本职工作恪尽职守，甚至在必要的时候以身殉职。忠于职守往往通过一定的职业行为表现出来，是一种非常宝贵的职业品格。从业者只有立足本职工作岗位，把身心"融化"在职业活动中，才能在工作中充分发挥自己的聪明才智，作出突出的贡献。

热爱本职与忠于职守两者相辅相成，是思想与行动、心灵与行为的有机统一。有了热爱本职的思想，就会有忠于职守的行为；有了忠于职守的行为，就会进一步坚定热爱本职的思想。

（2）敬业精神是责任的延续、立业的前提。敬业精神是责任的升华，责任在某种程度上还有一种强制性，因为有自己的工作范围就有责任。但是敬业精神则是员工的一种主动精神，有敬业精神的人不仅是完成自己的工作，而且是要以一种高度负责的精神来完成自己的工作。敬业精神是责任的一种延续，一个对工作有敬业精神的人，会把职业当做自己的使命，这样的员工是真正有责任感的员工。

敬业精神是立业的前提。社会经济生活中，任何一家公司，如果没有敬业精神作支柱，那么这家公司倒闭只是早晚的事情；任何一名员工，如果缺乏敬业精神，那么他丢掉工作也是迟早的事情。敬业既是公司发展的需求，同时也是员工自我发展的需要。具有敬业精神的人对自己的职业水准有很高的要求：精益求精，永远对工作现状不满意，永远在改善工作。在个人职业生涯发展道路上，这种敬业精神直接决定着事业发展的高度。

二、增强责任意识

责任无处不在，存在于每一个角色。父母养儿育女，教师教书育人，医生救死扶伤，工人铺路建桥，军人保家卫国……人在社会中生存，就必然要对自己、对家庭、对集体甚至对国家、对社会承担一定的责任。责任有不同的范畴，如家庭责任、职业责任、社会责任、领导责任等等。这些范畴不同的责任，有普遍性的要求，也有特殊性的要求。责任只有轻重之分，而无有无之别。所谓责任意识，是指个人对自己和他人、对家庭、对国家和社会所负责任的认识、情感和信念，以及与之相应的遵守规范、承担责任和履行义务的自觉态度。

1. 责任伴人成长

人们最熟悉的，往往也是最陌生的；最应该做到的，往往又是最难做好的。责任也是这样。责任是成就事业的根本途径。责任出勇气、出智慧、出力量。有了责任心，再危险的工作也能减少风险；责任心强，再大的困难都能克服；责任心差，很小的问题也可能酿成大祸。人的一生就是一个不断学习、不断攀登，直至成功的过程。同样，工作也是一个不断进取、不断发现问题并解决问题的过程。在这个过程中，不仅需要我们具备积极主动的工作态度、优质高效的工作能力、脚踏实地的工作作风、无私奉献的忘我精神、团结协作的工作理念，更需要我们具备高度的责任心。责任对我们的人生起着巨大的作用。

（1）责任能激发自我潜能。研究人体潜能的专家告诉我们，大多数人的体内都隐藏着巨大的才能，就像一枚"定时炸弹"，人在遇到危急情况时，身体中就会分泌一种激素，能激发出人体所潜藏的超常能力。可以说，任何成功者都不是天生的，成功的一个最根本的原因就是成功者尽可能多地开发了他自身无穷无尽的潜能，在责任心的驱使下，将一个又一个"不可能"变成了可能。

很多人把自己做不好工作归咎于没经验、不成熟。事实上，经验和阅历固然重要，但和责任心比起来，根本算不上什么。一个不负责任的人，即使拥有非常丰富的经验，也未必能够把工作做好，因为他根本不可能全身心地投入到工作中去。而一个负责任的人，责任感能激发他的潜能，他会全力以赴，将工作做到近乎完美。

（2）责任是通往成功的阶梯。人的能力永远是通过责任来承载的，也因责任而得以展现，成功在某种程度上说，就来自于责任。负责任的人是值得信赖的人，他们对自己负责，做自我的主宰。每一个企业的员工，都应该做一个主动肩负责任的人，只有这样才能担负起自己的职责，为企业，也为自己创造价值。工作中，一个人没有责任感，就没有进取心，也就没有动力；没有动力，就不能前进。作为在校的中职学生，应该懂得这样一个道理：世上很少有报酬丰厚而不需要承担任何责任的工作。主动承担更多的责任，是成功者必备的素质。从根本上说，责任不是麻烦事，更不是强加在我们身上的包袱，而是通向成功的阶梯。承担责任会让我们得到锻炼，懂得如何应对人生道路上的种种考验，使我们变得坚强。承担责任越多、越重，我们就越能得到更多的机会，获得更大的成就。

2. 勇于承担责任

（1）承担责任能促进自己的成长和发展。承担责任就会承担压力，而压力会产生动力，激励自己充分发挥个人潜能，克服种种困难，去实现自己的奋斗目标；承担责任才能赢得别人的信任，得到别人的帮助和支持；承担责任才能获得自尊和自信，在履行责任中增长才干，获得社会的认同和赞誉。

（2）积极承担责任是做人的基本要求。积极承担责任，不仅是道德和法律的要求，也是社会对公民的基本要求，是职业对从业者的基本要求。责任固然会给人带来压力，但同时责任也让人坚强，让人勇敢，让人知道关怀和理解。确立正确的责任意识，勇于承担责任，不仅是个人道德品质高尚的体现，也是做好本职工作的根本保证。勇于承担责任，才能慎重使用手中的权力，赢得下属的尊敬。事实上，只有勇于承担责任的人，才能被赋予更多的使命，才有资格获得更大的荣誉。而一味推卸责任、争功诿过的人，则会失去大家对自己的基本认可，失去别人对自己的信任与尊重，也会失去自己的立身之本——信誉和尊严。

（3）不要逃避责任。有些人一遇到问题就归因于同事的不是、上司的不是、单位的不是，甚至是客观环境，他们经常挂在嘴边的话是：因为某某如何如何了，所以使我……都是因为某某没有提醒我……单位对我的工作不够支持，才使我……单位没有提供某样的条件，我根本就不可能……某处如何如何，根本就不能做出成果……理由总比问题多。这样下去，这样的人也许就不用承担责任了，但是他们同时也就丧失了继续发展的可能。当你拥有了更多的责任，并且很好地完成了它，你就奠定了不断登攀的台阶；当你拥有了负责的砥砺，得到了负更多责任的能力和别人的认可和尊重，你将可能成为承担更大责任的人，将可能跻身于成功人士之列了。你需要勇于承担责任。责任是推脱不掉的，如果硬要推脱，那么同时也关紧了自己进步的门；责任是承担起来的，当承担起来了，大千世界、丰富人生都在你面前不绝而来，让你尽情地去担当、欣赏和体味。

（4）主动承担责任的使命。一旦你踏上了一个岗位就选择了一份责任、拥有了一份使命。我们要主动承担职位赋予自己的责任。我们要清醒、明确地认识到自己的责任，履行好自己的职责，发挥自己的聪明才智，克服困难，完成工作。认识到自己的责任，清楚自己的职责，并承担起自己所在工作岗位的责任，那么工作就由压迫式、被动，转化为积极、主动，我们才能享受到工作的乐趣，获取成功的快乐，体验我们人生的价值。

教师提示

➤ 尽力履行你的职责，你才会知道自己的价值。
➤ 勇敢地担负起你的责任，机会的大门才会向你敞开。
➤ 真正承担起你的责任，你才会享受充分的自由。

三、树立服务观念

《现代汉语词典》对"服务"的解释是"为集体（或别人的）利益或为某种事业而工作"。也有专家给"服务"下的定义是这样的："服务就是满足别人期望和需求的行动、过程及结果。"前者的解释抓住了"服务"的两个关键点，一是服务的对象，二是说清了服务本身是一种工作，需要动手动脑去做；后者的解释则抓住了服务的本质内涵。服务是发自服务人员内心的；它是服务人员的一种本能和习惯；它是可以通过培养、教育而形成的。

1. 服务是一切工作的根本

（1）服务的重要性。服务是满足他人及自己需求的价值双赢的活动，服务的目的是为他人提供解决方案，服务的本质是一种文化的互动、感情的沟通、价值的确认。服务是以劳动的直接形式创造使用价值，满足人们需求的一种劳动方式。服务是一种以物质条件为凭借，以活动本身为主要消费对象，是社会发展和人类生活的一种特殊劳动。

服务是人类社会的产物。不同社会、不同时代，人们对服务的认识和对服务的要求也有所不同。如今，随着科技的进步、社会的发展，人们的生活水平及对生活质量的要求正在不断地提高。所以在21世纪的今天，为了能够满足人们的需求，"服务"这个词已经渗透到各行各业，成为个人竞争、社会竞争和推动社会进步的要素之一，同时也是商家成功的秘诀。

（2）树立服务意识。服务意识就是指自己为他人（包括家人、领导、同事和朋友）提供热情、周到、主动的服务，以满足对方现实和潜在的需求的观念和欲望。服务意识是个大概念，它不仅有人的素质与能力为内在支撑，而且受外部竞争压力所影响。对于一个组织来讲，服务意识不仅仅局限于对外部人群的服务中，而且也反映在一个单位的内部管理和相互服务中。作为组织中的一员，从领导到基层员工，都应该具备服务意识。尤其对于领导，作为组织核心，服务意识更是不可缺少的。或许可以做个不太合适的比喻：组织中的每一个层级，应该把上级当成自己的供应商，把下级当成自己的顾客。把上级当供应商，是要从他那里获得资源；把下级当顾客，是因为工作业绩要靠下级来完成。

具有服务意识的人，能够把自己利益的实现建立在服务别人的基础之上，能够把利己和利他行为有机结合起来，常常表现出以别人为中心的倾向。因为他们知道，只有首先以别人为中心，服务别人，才能体现出自己存在的价值，才能得到别人对自己的服务。服务意识也是以别人为中心的意识。拥有服务意识的人，常常会站在别人的立场上，急别人之所急，想别人之所想。为了使别人满意，不惜自我谦让、妥协甚至奉献、牺牲。但这都只是表象，实际上，多为别人付出的人，往往得到的才会更多。这正是聪明人的做法。

缺乏服务意识的人则会表现出以自我为中心和自私自利的价值倾向，把利己和利他矛盾对立起来。在这些人看来，要想满足自己的需要，只有从别人那里偷来、抢来或者骗来，否则，别人不会主动为自己付出。实际上，这常常是懒人们的哲学，从本质上说，这违背了人与人之间服务与被服务关系的规律。这种人越多，社会就越不和谐。

作为个人，面对社会分工越来越细、人与人之间协作需要越来越强的社会背景，面对日趋激烈的市场竞争，更应该具备一种良好的社会服务意识。在这个以服务为导向的社会中，对服务意识的强调，早已经超出了"微笑"、"关怀"、"礼貌"、"乐于助人"的范畴，不仅要能够设身处地为他人着想，还要把他人当做事业伙伴，当做是一起来实现共同人生目标的同伴。

2. 树立服务观念

（1）树立服务是商品的观念，端正服务态度。从广义的角度来说，政府、企业、学校、医院等都是在各自的领域为社会提供服务。今天，即使对于企业来说，服务也比看得见的产品更为重要。世界计算机业的巨头 IBM 就明确地称自己是一个服务型企业。可以说，我们已经进入了人人都是服务员、行行都是服务业、环环都是服务链的服务经济时代，进入了服务制胜的时代。因此，我们要树立服务是商品的观念，讲求服务质量。我们讲服务是商品，就应该把服务对象的满意不满意作为检验服务工作的标准，提供服务就是为了满足服务对象的需求，最终使服务对象满意。"细微之处见真情。"我们的一个表情、一个称呼、一声问候、一杯热茶、一句安慰等等，虽然都是微不足道的小事，但都是在向服务对象出售自己的劳动，同时也在体现自己的价值。我们只有从思想上转变观念，行动上才能见成效。做一切工作都应该树立服务是商品的新观念，真正把服务对象当做"上帝"、"亲人"、"朋友"，并在心中定位，自觉主动地去服务，才能提高服务这个商品的质量。

（2）树立管理也是服务的理念。通常管理都是依据事物发展的客观规律，通过综合运用人才资源和其他资源，以组织、控制、协调等手段，使组织中的各个部门、各种资源、各种活动之间有机结合，同步和谐地开展活动，最终有效地实现目标的过程。管理活动中最重要的管理对象是人。管理活动就要对人进行指导、协调和控制。达到人适其事、人尽其才、事竞成功的目的，最终实现高效率、高效益。因此，只有树立管理就是服务的观念，管理者才能深入到管理对象中去，体察他们的情绪、意愿；关心他们的疾苦，排解他们的疑难，就会懂得什么事情该怎样做、不该怎样做，这样也才能制定符合实际的规章制度，以有效的措施激发人们的积极性，实现管理的目的。

教师提示

➤ 一切工作从根本意义上说都是服务。
➤ 最佳服务是企业的生命，是创造利润的法宝，也是竞争的雄厚资本。
➤ 我们的生活质量也取决于别人为我们提供的服务的质量，因此，应怀着感恩之心接受别人的服务。

四、培养诚信品质

● 言必信，行必果。

——孔子

诚信，作为中国传统伦理道德规范，具有广泛而深刻的含义。概括地说，"诚"是指诚实、真诚、诚恳；"信"是指确实、信用、信任。诚信是指诚实而有信用，既内心善良又能表里如一、言行一致。诚信作为一种美德，从古到今不断传承，到了现代社会更是作为一种道德典范为大家所提倡。伴随着现代社会的高速发展，诚信作为一种道德标尺，在方方面面深刻地影响着我们的社会生活。

1. 诚信助人成功

（1）诚信的社会作用。孔子曾说过："人而无信，不知其可也。"他认为诚信是一个人具有的最基本的道德品质。孟子认为信用是朋友之间交往的基本道德准则。荀子认为诚信还是为政之本。从古代圣人的解释中可以看到，诚信既是为人交友之道，又是治国安邦之本。诚信对社会具有重要的意义和作用。

第一，诚信是精神文明建设的重要内容和推动力量。精神文明建设包括思想道德建设和科学文化建设，其核心是思想道德建设。诚信作为一种道德范畴正是精神文明建设的重要内容。作为一种道德要求，诚信是我们在社会生活中与人交往的一个纽带，在市场经济中，无论是生产、交换还是分配和消费，都离不开诚信这一纽带。只有大家都讲诚信，互相才能信任，生产、交换、分配和消费的各个环节才能有序进行，社会才能有序发展，社会文明才能不断进步。因此，诚信本身就是精神文明建设的重要内容。

在全面建设小康社会的今天，我国的经济建设取得了飞速的发展，人民的物质生活也越来越富裕。同时，假冒伪劣、欺行霸市、坑蒙拐骗等行为也在一定程度上蔓延开来。这些行为扰乱了正常的社会秩序，严重败坏了社会风气。我们加强诚信建设，在全社会提倡和弘扬诚实守信的良好风尚，确立诚信为主的职业道德观，反对和抵制拜金主义和各种唯利是图的行为，将会对整个社会的精神文明建设起到巨大的推动作用。

第二，诚信是维护社会市场经济秩序的重要保证。一个社会的正常运行需要社会秩序来维持，而社会是由不同的群体、阶层和个人组成的，它们之间的相互交往是建立在利益制衡和诚信基础上的，这些构成了社会秩序的实质内容。现代社会打破了封建社会的小农经济基础和人身依附关系，人们之间是一种平等的互利合作关系，相互间的交往自然更需要以诚信为纽带，尤其在市场经济中，由于直接关系到人们相互间的合作与利益能否实现，诚信的地位和作用就显得更为突出。

首先，社会主义市场经济的建立和完善需要诚信。在市场经济条件下，人与人之间的有序关系之所以能够发生就是因为在人与人之间存在平等、互利和彼此信任，而这种人与人之间的平等、互利和彼此信任的关系正是以"诚信"为基础的社会关系。社会中人们的诚信度越高，市场经济的正常秩序就越能得到保障，社会主义市场经济也才能顺利地建立和完善。

其次，诚信是市场经济秩序的灵魂和基础。市场经济的显著特征就是效率与秩序，效率是市场经济的直接目的，良好的秩序是效率的保证。市场交易产生和持续的客观基础就是交易双方平等、互利和相互信任，而相互信任恰好是诚信的内涵。所以说，诚信是市场经济的道德形态，是市场经济的灵魂和基础。一个没有诚信的社会就不可能有真正的市场经济。

> ●失足，你可以马上恢复站立；失信，你也许永难挽回。
>
> ——富兰克林

（2）诚信是一笔财富，也是一种资源。诚信不但对社会极其重要，对个人也是一样。现代市场经济本身就是一种信用经济，它客观上要求参与经济活动的各主体诚实守信。作为经济活动主体之一的个人，其信用度越高，在社会交往和交易活动中就越能得到对方的尊重和信任，从而大大提高交易的成功率。从这个意义上讲，诚信对个人而言就是一种无形的资产，会牢牢地储蓄在与之接触的人的心目中，成为个人在社会交往和发展中取之不尽、用之不竭的最有效的资本。因此，诚信对个人而言就是一笔财富、一种资源。这种财富和资源是有形的财富和资源所代替不了的，而一旦丧失，也是有形的财富和资源所换不回来的。

2. 提高诚信度

诚信是中华民族的传统美德，也是构筑一个人健全人格的重要品质，尤其是对于当前处在转型期的中国，培养人们诚信的道德操守，对于经济、社会的可持续发展都具有重要意义。作为新时期的中职学生，继承传统美德，规范自己的道德行为，努力提高自己的诚信度，对将来走入社会，拥有坚实的立身之本、立业之道，都有着极其重要的意义。提高诚信度，要从以下几个方面努力：

（1）树立正确的人生观和价值观。人生观和价值观对于一个人观念的形成、行为的选择等具有极为重要的影响，诚信缺失行为的背后往往是错误的人生观、价值观的误导，这种误导大多数时候是潜移默化的。因此，树立正确的人生观和价值观是诚信为人的重要前提。新时期的中职学生应该有宽广的胸怀、远大的理想，确立为国家、为社会服务的人生坐标，勇挑社会重任，包括对于诚信这种社会责任的承担，把为社会、国家作贡献与个人发展有机结合起来，在促进社会的进步中实现个人价值。这样才能够以理智、冷静、客观的眼光看待社会问题，以从容的心态坦然应对生活中的种种难题，遇到虚假失信才不会"一叶障目，不见泰山"，以致看不到诚信才是社会的主流；这样也才能树立虚假失信是社会发展中落后事物的再现，必将被社会所淘汰的信念，勇敢地承担起诚信的社会责任。

（2）切实认清缺乏诚信的危害。人无信不立！无论爱情、生活、工作还是学习，缺乏诚信就会丧失人格魅力，就会丧失真正的"身价"。为一时之利背信弃义，终究是害人害己，必为社会和他人所不齿，只能是动摇自己立足社会的根本。

业无信不兴！诚信不仅是做人的基本准则，也是做事的基本准则。每一个从业者所进行的职业活动，既代表个人，又代表一个单位。如果他不能诚实守信，那么他所代表的社会团体或经济实体就得不到人们的信任，也就无法在社会中进行经济活动。一旦信誉扫地，不管多大的企业、有多雄厚的实力，最终只能被淘汰出局。

国无信不宁！政府信用是社会信用的核心，是形成社会信用体系、实现政府与社会和谐的核心环节。政府是社会最具公信力的组织，它及其组织中的每一个成员的诚信行为，具有很强的引导和示范作用。社会对政府的信任是社会和谐的基础。政府诚信是形成和谐的市场经济环境、推动经济发展、奠定社会和谐基础的重要保证。

时代的进步需要诚信，社会的和谐需要诚信，个人立身处世更需要诚信。在一个诚信缺失的国度，一切将无从谈起。正因为如此，我们才把诚实守信当做社会主义荣辱观的一项重要内容，并把它升华到一个崭新的理论高度。作为新时代的中职学生，我们要坚持"以诚实守信为荣，以见利忘义为耻"，在自己未来人生道路上树立起一座高高的灯塔。

（3）践行诚信，从我做起。诚实守信，重在践行，贵在积累。中职学生要真正提高自己的诚信度，就应该坚持从我做起，从现在做起，从小事做起，永远堂堂正正地做人，老老实实地做事，站在诚信建设的潮头，为诚信建设添砖加瓦。具体说来，平时要努力做到：

第一，对人忠诚，对己忠诚。努力做到待人真诚，为人坦荡，遵纪守法；言必行，行必果，不追求一己之私。

第二，对学习忠诚。尊重科学，端正学习态度，遵守规章制度，实事求是，追求真理，考试不作弊，论文不抄袭，努力打造诚信校园。

第三，弘扬诚信正义。树立与不良风气作斗争的信心和勇气，敢于检举揭发考试作弊行为。

第四，知行统一。以良好的心态、主动的姿态、积极的行动来加强诚信的修养；严于律己、相互监督，用实际行动打造出一片诚信的天空。

教师提示

> ➤ 诚信是火焰，给人希望，给人温暖；诚信是明镜，给人准则，给人借鉴。让我们把道德原则和道德规范转化为自己的内心信念，并把它付诸实践，以纯洁的心灵吸纳无尽的知识，让舞弊远离校园，让诚信常驻心中！让我们一起为诚信立下誓言：实事求是，信守承诺，认真学习，诚实考试，手握诚信，把握未来！

五、提高创新能力

●创新是一个民族进步的灵魂，是国家兴旺发达的不竭动力。

——江泽民

21 世纪是知识经济的时代，经济的发展主要依靠新的发现、发明研究和创新，其中创新是核心，创新的实现取决于人的创新精神、创新意识和创新能力。时代对广大中职学生提出了要求——做一个具有创新意识和创新能力的创造型人才，使我们有能力参与日趋激烈的竞争，并保证在竞争中立于不败之地。

创新能力是把创新意识与创新思维转化为有价值的、前所未有的精神产品或物质产品的实践能力，是创新意识与创新思维在实践中的应用和外化。创新能力要求人们拥有扎实的理论基础，构建合理的知识框架，具有较强的获取知识和运用知识的能力、信息加工的能力、科学研究的能力和动手操作的能力以及良好的创新心理素质。

1. 创新能力的要素

创新能力不是凭空产生，它是多种要素综合作用的结果，对创新能力起重要作用的要素主要有：

（1）创新意识。创新意识是一种不安于现状、精益求精的意识，面对任何未知的问题、未知的领域有勇于尝试的冲动，不断探索、勤于思考，善于发现并提出问题，有求新、求异的兴趣和欲望。创新意识是创新的重要心理素质之一，是创新思维和创新能力的前提，只有在强烈的创新意识引导下，才能产生强烈的创新动机，才能充分发挥创造的潜能。

（2）创新思维。创新思维是由发散思维与聚合思维所组成，是发明或发现一种新方式并用以处理某种事物的思维过程。它有五个明显的特征：积极的求异性，敏锐的观察力，创造性的想象，独特的知识结构以及活跃的灵感。创新思维是整个创新活动智力结构的关键，是创新能力的核心。它可以使人们顺利解决新的问题，深刻地、高水平地掌握新知识，并能将这些知识广泛地迁移到学习新知识的过程中，使学习活动顺利完成。

（3）创新知识。创新知识是指在某一领域具有独到见解或较深的造诣。创新知识是创新能力的坚实基石。

（4）创新人格。创新人格是指具有敢于怀疑、批判、冒险的科学精神，在挫折面前不气馁、不动摇，决不因困难和挫折放弃自己的想法和计划，勇于突破思维定式的束缚，有相对较强的、独立性的品格。创新不仅需要智力因素，也需要非智力因素。非智力因素可以激发创新意识，促使创新思维更好地发挥和运用。

🎓**教师提示**

> ➢ 创新是一个组织进步的永恒动力，只有不断创新，才能在市场竞争中立于不败之地。
> ➢ 创新属于那些有准备的头脑，只有随时随地关注本行业的最新发展的人，才会有创新的灵感。

2. 提高创新能力的途径

创新能力的培养、提高是一个综合系统的工程，需要付出长期艰苦的努力。广大中职学生要想具备较强的创新能力，就要围绕增强创新意识，培养、训练创新思维，刻苦学习并扎实掌握基础知识，培养、塑造创新人格等方面进行全方位的努力。这样，通过点滴进步，日积月累，使自己逐步具备较强的创新能力，把自己打造成创新型人才。具体地讲，提高创新能力的途径主要有以下几个。

（1）了解创新的基本过程。创新有多种过程，其中最常规的步骤是：

第一，界定问题。首先是要明确你要解决什么问题。要注意这只不过是找准一个焦点，而不是限制思路。比如说，你的问题是如何打开罐头，你不要把思维限制在发明一个开罐器上。这样你才能像发明了罐头拉条的工程师那样，从剥香蕉皮中得到启发。

第二，界定最佳结果并设想它如何实现。第二步是想象你要获得的理想结果，继而组织起你的上百亿个活跃的脑神经细胞，在现实与结果之间架起桥梁。许多创造活动都是直接从对未来的想象开始，而不是从解决问题入手。

第三，收集材料。除非你对一个情况或问题掌握了一大堆资料，否则你就未必能找到最好的新的解决方式。资料可以是特殊的，直接与你的工作、行业或问题相连的；也可以是一般的，是你从不同方面收集来的。如果你是一个不知满足的信息寻求者、提问者、读者、挑战者、信息存储器，那么你会是一个伟大的思想生产者。

第四，打破模式。要创造性地解决问题，你必须开辟新道路、寻找突破、发现新联系、打破现有模式。

第五，走出自己的领域。试着把你的先入之见放在一边。使用你所习惯了的信息和方法，只会得出同样的结论。柯达彩色胶卷的发明者曾是音乐家。圆珠笔的发明者曾当过雕塑家、画家和记者，充气轮胎的发明者，原本是个兽医。

第六，尝试各种各样的组合。广泛地阅读，特别是阅读那些远离你自己专业的、谈论未来和挑战的文章。一直自问：如果……会怎么样？如果我把这和那连起来会怎样？如果我从这儿而不是那儿开始会怎样？

第七，使用你所有的感官。投入你所有的注意力，使用你所有的想、说、写、画、做的感觉能力，直到你的头脑浮想联翩。

第八，放松、消化、酝酿。暂时放弃紧张的吸收思考，让自己进入一种平和自然的新状态，或听音乐，或看画展，或散步，或游戏，或下棋，或喝酒，或洗澡，总之一切随意。

第九，把它带进睡眠。在临睡前，回想你的问题及其理想的解决方式。关掉你的意识过程，交给潜意识。

第十，灵感出现。经过了长时间的努力，突然有一天，或刚起床，或走在路上，或正在吃饭，灵感出现、最佳创意光临。接下去经过检验和改进，便可大功告成。

（2）培养创造性人格。有创造力的人有以下几个普遍和特别重要的人格特征：

第一，好奇。以开放的心态面对周围的世界，偏爱新奇和变化多样的事物。好奇心是发现存在于周围环境中的矛盾、冲突、问题并获取信息、提出解决方案的前提。

第二，灵活。能够多角度地思考问题。有创造力的人注重实效，从妥善解决问题出发，立足于当前的事实，千方百计寻求各种途径、办法、手段，不拘泥于现成的、习以为常的、普遍认同的答案，他们往往会做出既在情理之中又是意料之外的行为。

第三，热情而有理性。有创造能力的人能够接受幼稚的愿望，对情感持开放的心态，所以他们常常很敏感而且富有同情心和热情，同时他们也能以理智来检查自己天真的动机、幻想和想象，并能制定明确的目标和考虑周到的计划来实现自己的愿望。

第四，宽容。现实生活不免产生各种冲突、矛盾，宽容的性格特点可以减少悲伤、愤怒、灰心丧气的情绪，把精力集中于寻求创造性解决问题的办法上。宽容还能避免轻率和简单化，有利于全面地观察分析现实情况，提出各方都容易接受的方案。

第五，独立思考。习惯性结论和随大流是创新的大敌，只有具有独立思考精神的人，才不会盲目地适应环境，才能客观地评判不同观点，进而提出建设性的意见。

人格特征是在先天禀赋的基础上经过后天长期积累而形成的，要想一下子改变决非易事。我们只能在准确地认识自己的基础上，发扬自己的长处，逐步有意识地改进自己的短处。这样，经过一个长时期的有意识地培养、训练，逐渐地塑造、发展出创造性人格。

（3）学会创造性思考。创新思维能力是创新能力中的核心能力。创新思维概括起来有以下几种：

第一，突破思维障碍。创新的大敌来自于我们头脑中固有的旧观念、习惯和各种各样的条条框框，它阻碍我们产生新思想、新念头、新构想和新创意。另外我们还需要具有怀疑精神。我国地质学家李四光说："不怀疑不能见真理，所以我希望大家都持怀疑态度，不要被已成的学说所吓倒。"法国科学家笛卡儿说："要想追求真理，我们必须在一生中尽可能把所有的事物都怀疑一次。"

第二，变角度思维（扩散性思维）。变角度思维是指从不同的角度去思考事物，并将思维焦点指向事物的不同要素或关系上。变角度思维具体表现为：

变换思维焦点。变换思维焦点是指在思维过程中考虑事物的各种表现、特征、构成要素（包括要素关系和该事物与其他事物的多种多样的联系），或是从思考事物的这一点转向思考事物的那一点上。如曹冲称象，思维焦点从大象转向与大象等重的石头。

从不同的角度或背景去思考事物。角度意指思考问题的出发点、立场、需求、目的、观念、知识、经验、前提等思维背景。变换思维的目的就是通过多角度、多侧面的思考，全面而完整地把握事物，开拓解决问题的各种可能方法和途径。

调整思维的方向或顺序。对于问题的思考，人们或者按常情、常理、常规去想，或者按事物发展的客观顺序去想，比如从前到后、从上到下、从远到近等。这样想问题容易找准切入点，思考问题、解决问题的效率也比较高。但万事有利有弊，顺着想固然有许多好处，但过于痴迷必然会导致只注意此端，而忽略彼端，造成顾此失彼、以偏概全。长此以往必然会影响我们的创造性思维。所以，对于比较复杂的创新问题，我们不妨"倒着想"，它可能会使你茅塞顿开。

第三，发挥想象力。爱因斯坦说："想象力比知识更重要，因为知识是有限的，而想象力概括世界上的一切，推动着进步，并且是知识进步的源泉。严格地说，想象力是科学研究中的主要因素。"随着人们思考问题的逐步深入和涉及问题领域的日趋扩大，原有的思维方式也应随之发生变化。对于某些未来事物的探索和研究，单纯依靠简单的逻辑推理已不能解决问题，这时需要我们以想象思维为突破口，使我们的认识有一个质的飞跃和长足的发展。

第四，重视灵感与直觉的思维。灵感如突如其来的灵光一现。它产生的过程是问题，艰苦思考，突然放松，某种启示。据试验，入睡前最易产生灵感。直觉是那种不经过逻辑过程，没有确切的道理依据而直接给出结果的思维。有研究表明，经常有意识地使用直觉，直觉的准确率会提升。

（4）掌握创新的方法与技巧。创新的方法与技巧是在前人大量的创新实践活动过程中总结提炼出来的，是对创新活动规律的一种认识。掌握创新的方法与技巧，可以大量提升人的创新能力。创新的方法与技巧很多，这里主要介绍两种：

第一，聪明十二法。聪明十二法是从 12 个方面给人以创造发明启示的方法。它出自设问原理，深入浅出、通俗易懂，被人们称为创造发明的"一点通"。具体内容如下：

①加一加。在这件东西上添加些什么或把这件东西与其他什么东西组合在一起，会有什么结果？把这件东西加长、加高、加宽会怎么样？

②减一减。将原来的物品减少、减短、减窄、减轻、减薄……设想会变成什么新东西？将原来的操作减慢、减时、减次、减序……又会有什么效果？

③扩一扩。将原有物品放大、扩展，会有什么变化？

④缩一缩。把原有物品的体积缩小、缩短，变成新的东西。

⑤变一变。改变原有事物的形状、尺寸、颜色、滋味、浓度、密度、顺序、场合、时间、对象、方式、音响等，产生新的物品。

⑥联一联。把某一事物和另一事物联系起来，看看能产生什么新事物？

⑦学一学。学习模仿别的物品的原理、形状、结构、颜色、性能、规格、方法等，以求创新。

⑧改一改。从现有事物入手，发现该事物的不足之处，然后针对这些不足寻找有效的改进措施，从而实现创新。

⑨代一代。用其他事物或方法来代替现有的事物，从而引发创新的发明思路。如纸杯代替玻璃杯。

⑩搬一搬。把这件事物、设想、技术搬到别处，会有什么新的事物、设想和技术？如激光手术等。

⑪反一反。将某一事物的形状、性质、功能以及正反、里外、前后、左右、上下、横竖等加以颠倒，从而产生新的事物。

⑫定一定。对新的产品或事物定出新的标准、序号、顺序，或者为改进某种东西以及提高工作效率和防止不良后果作出一些新规定，从而实现创新。

第二，头脑风暴法。头脑风暴法是指围绕一个待解决的问题，召开一次有准备的会议，以团体的方式进行（7～10 人为好）；在会上禁止评判，以便形成自由、和谐、无拘无束而有序的氛围；鼓励提出各种改进意见或补充意见；鼓励各种想法，多多益善；充分发挥想象力，追求与众不同的、关系不密切的甚至离题的想法。会议中及时把这些想法记录下来，最后再来总结，从中得到启发。这种办法对培养创造性思维也是很有意义的。

六、弘扬团队精神

●没有完美的个人，只有完美的团队。

——陈安之

所谓团队，是指一些才能互补、团结和谐并为负有共同责任的统一目标和标准而奉献的一群人。团队不仅强调个人的工作成果，更强调团队的整体业绩。团队的作用在于提高组织的绩效，使团队的工作业绩超过成员个体业绩的简单之和。团队的核心是共同奉献。这种共同奉献需要建立使每个成员都能够为之信服的目标。只有切实可行而又具有挑战意义的目标，才能激发团队的工作动力和奉献精神，为团队注入无穷无尽的能量。团队精神，简单来说就是大局意识、协作精神和服务精神的集中体现。团队精神的基础是尊重个人的兴趣和成就。核心是协同合作，最高境界是全体成员的向心力、凝聚力，反映的是个体利益和整体利益的统一，进而保证组织的高效率运转。

面对社会分工日益细化、技术及管理的日益复杂，个人的力量和智慧显得苍白无力，即使是天才，也需要他人的帮助，唯其如此才能造就事业的辉煌。很多日本企业之所以具有强大的竞争力，其根源不在于员工个人能力的卓越，而在于其员工整体团队合力的强大，其中起关键作用的是渗透于企业的无处不在的团队精神。团队精神强调团队内部各个成员为了团队的共同利益而紧密协作，从而形成强大的凝聚力和整体战斗力，最终实现团队目标。

1. 团队凝聚力量

（1）团队精神的特点。一个团队通过成员的共同贡献，能够得到实实在在的集体成果，这个集体成果超过成员个人业绩的总和，即团队成果大于各部分之和。之所以如此，就因为团队能够凝聚力量。对于一个团队来说，其凝聚力来自于团队精神。团队精神的形成并非一日之功，而是日积月累之积淀。唯有团队成员都具备团队合作的能力，团队精神才能得以形成。高效出色的团队精神具有如下特点：

第一，目标一致。这一共同的目标是一种意境。团队成员应花充分的时间、精力来讨论并制定他们共同的目标，在这一过程中使每个团队成员都能够深刻地理解团队的目标。以后不论遇到任何困难，这一共同目标都会为团队成员指明方向。

第二，具体目标。将团队共同的目标分解为具体的、可衡量的行动目标。这一行动目标既能使个人不断开拓自己，又能促进整个团队的发展。具体的目标使得彼此间的沟通更畅通，并能督促团队始终为实现最终目标而努力。

第三，承担责任。建立一种环境，使每位团队成员在这个环境中都感到自己应对团队的绩效负责，为团队的共同目标、具体目标和团队行为勇于承担各自的责任。

第四，关系融洽。团队成员之间应该互相支持，善于沟通，彼此之间坦诚相待，相互信任，并勇于表达自我。

第五，齐心协力。团队成员应为实现团队目标作出共同的承诺，能为着共同的目标而努力工作，并在工作中相互协调配合。

第六，和谐的领导艺术。团队的领导要能够使对任务的需求、团队的凝聚力以及个人需求达到平衡、和谐。

第七，短小精悍。团队的规模不宜过大，一般不超过 10 人。

第八，技能互补。出色的团队应具有如下几种人员：一是技术的专家型人员；二是善于解决问题和果断决策的人员；三是善于人际交往的人员。具有各项技能人员的正确组合是团队成功的关键。

第九，行动统一。团队成员必须平等地分担工作任务，并就各自的工作内容取得一致。此外，团队需要在如何制定工作进度、如何开发工作技能、如何解决矛盾冲突以及如何作出或修改决策等方面达成共识。

第十，反应迅速。团队应该着眼于未来，视"变"为发展的契机，把握机遇，相机而动。

（2）团队凝聚力的标志。有团队精神，团队才有凝聚力。团队凝聚力是指团队对每个成员的吸引力和向心力，以及团队成员之间相互依存、相互协调、相互团结的力量和程度。团队凝聚力是团队成员发生作用的所有力量的汇合，也即团队所有成员的合力。团队凝聚力高能够提高团队的工作效率，提高团队成员的工作满意度，对个人成长和发展起到促进作用。凝聚力较强的团队，其成员工作热情高，做事认真，并有不断创新的行为。如果一个团队丧失凝聚力，就会像一盘散沙，难以维持下去，并呈现出低效率状态。因此，团队凝聚力是实现团队目标的重要条件。较高的团队凝聚力通常有以下几个标志：

第一，荣辱与共，互相关心。荣辱与共，互相关心是一切伟大团队的基础，其他一切优良品质均以此为发源。

第二，了解团队目标。只有了解团队目标才能知道该干些什么对团队更有益，才能相互合作。这样，团队就能像一台质量精良的机器一样运转，而每个成员都是机器上的一个部件。

第三，相互交流，融洽无间。相互交流，才能合作。没有这一点，队员之间很可能不和谐，不知道团队工作的重心所在，一些重要的工作会因此被遗漏，而队员们却在做重复的工作。应该建立和鼓励一种积极的交流气氛，让队员们能够感到他们在这种环境下可以安全地提出意见、批评而不受威胁，可以在合作的精神指导下自由交流，也可以商讨见解而不受批评。

第四，相互学习、共同成长。一旦团队的成员互相关心，又有一个共同目标，并能相互交流，他们就已经开始发展了。这种发展包括共享经验和互相加深沟通。通过相互学习，每个人的长处互相传递，彼此得到提高。

第五，相互认同，配合默契。当互相关心的人一道成长，并朝着一个共同目标前进时，我们开始欣赏彼此的长处，了解彼此的不足，我们开始认可、欣赏每一个队员的独特素质，并在工作中形成一种信任和默契。

第六，将团队整体利益放在首位。达到这一点的前提是，队员们真正相信团队成功的价值比他们个人自身利益的价值要大得多。他们相信，随着团队目标的实现，他们也能取得成功。

第七，团队成员情愿付出代价。在一个伟大的团队里，每一个团队成员都乐意将时间与精力花在训练与准备上，愿意承担责任，愿意放弃个人偏见，愿意为了团队的成功牺牲个人利益。

2. 尽快融入团队

作为刚加入一个团队的新成员来说，尽快融入团队是我们面临的一个重要课题。只有尽快融入团队，熟悉团队环境、团队内的其他成员，了解团队的目标，明确自己的职责，才能尽早地、更好地发挥自己的才能。尽快融入团队后，才能通过与团队中的其他成员相互交流、学习、竞争、协作，在实现团队目标的过程中展现自己的才华，也使自己得到成长和发展。要想尽快融入团队，必须注意以下几个方面：

（1）要抱以"空杯的心态"。不管你以前的经历、职位怎样，有过什么辉煌，进入不同的公司，进入不同的领域，你都要从头开始学起。重新了解和熟悉新公司的"游戏规则"和章程，使自己所掌握的东西结合新公司的实际能得到恰当的运用。如果你清高孤傲、目空一切，将很快会从团队中脱离出来，离开了团队，再能干的人也将一事无成。

（2）努力做事、完善自我。现在企业甄选人才的时候，更多地关注人员知识能力以外的东西，也就是人力资源所讲的"冰山模型"下面的素质。因此仅具备一定的知识和技能并不能把工作做好。新成员在融入团队时，应该时时抱以积极的工作态度，对上级安排的任务尽自己最大可能去完成。同时注重吸收团队成员的优点，时常检查一下自己的缺点，比如自己是不是还是对人缺乏热情，或者言辞锋利容易伤人。这些缺点在单兵作战时可能还能被人忍受，但在团队合作中会成为你进一步成长的障碍。如果你意识到了自己的缺点，就要注意改正。在一个团队中，首先要得到团队和领导的认可，你才有进一步发挥才能的天地。

（3）积极付出，以主人翁的心态做事。其实不管是老员工还是新成员，积极付出，以主人翁的心态做事都非常重要。正所谓没有付出何谈收获。如果你拈轻怕重，这样不肯干，那样讲条件，导致的后果是什么也干不好。每一个人都要把团队的事业当成自己的事业来经营，对上级安排的事情没有任何借口地去完成，以主人翁的心态来面对团队赋予你的每一项工作，并以取得成就和荣誉为荣，那谁还能说你不是团队的主人，这样的员工哪里不抢着要呢？

（4）创造和谐的人际关系。首先要远离是非，任何一个团队中因为工作或其他一些原因，总会有一些是是非非，虽然我们不能无视它的存在，但至少我们可以远离它。一个具有良好职业道德的人是不去谈论是非的，你更多地要注重与同事和上级的沟通交流，可以选择性地先交一两个可以很好交流的朋友，通过别人的认可逐步获得整个团队的认可。从小事做起，谦虚谨慎，多办事，少张扬。尽量使自己的行为风格和团队的风格保持一致，不搞特殊化，在众人心中建立良好印象。

教师提示

> ➤ 个人力量是有限的，只有融入团队之中你才会有无穷的力量。
> ➤ 一个优秀的团队会产生 1 + 1 > 2 的成效。
> ➤ 在组织中，个人计划服从团队目标是工作中的基本原则。

拓 展 阅 读

一、最后的马拉松选手

在墨西哥奥运会上，夜已经非常深了，天气非常凉，直到这时，坦桑尼亚的马拉松选手艾克瓦里才吃力地跑进了体育场，他是最后一位到达终点的运动员。

这场比赛的冠军早就拿到了奖牌，庆祝胜利的仪式也早已结束。艾克瓦里一个人孤零零地抵达体育场时，整个体育场显得格外空旷。艾克瓦里的双腿沾满血污，绑着绷带，他努力地绕体育场跑完了一圈，跑到了终点。在体育场的一个角落，享誉国际的纪录片制作人格林斯潘远远地看着这一切。接着，在好奇心的驱使下，格林斯潘走了过去，问艾克瓦里，为什么要这么吃力地跑至终点。

这位来自坦桑尼亚的年轻人轻声回答说："我的国家把我从 2 万多公里之外送到这里，不是叫我在这场比赛中起跑的，而是派我来完成这场比赛的。"

没有人会再去嘲讽这位选手的成绩，因为这位选手用自己的行动诠释了"敬业和责任"的深厚内涵，因此，他也赢得了人们的尊重。

教师提示

> ➤ 比职业能力更重要的是敬业精神，职业能力可以作用于"一时、一事"，而敬业精神则能作用于"时时、事事"。
> ➤ 敬业就要认认真真做好每件事，决不放弃、尽最大努力做到完美。

二、让敬业成为一种习惯

为什么我国台湾地区的计算机产业在最近 10 多年来如此发达，并在世界上具有相当优势的竞争力呢？可以说，这在很大程度上同其员工们的敬业精神是分不开的，他们已经把敬业变成一种职业习惯。

据消息称，他们一般不会在下午 5 点的下班时间回家。他们已经习惯于把一天的工作目标彻底完成后再离开办公室，而且各自制定的目标都是超负荷的。因此，他们很多时候都在晚上 9 点钟才离开办公室。这并不是公司要求他们加班，而是他们养成了敬业的习惯。

这些从事计算机产业工作的员工始终都抱着一种追求完美的心态，每一个人都试图把自己设计的程序做得更加合理化，每一个人都试图使自己设计的程序更加有效率。这实际上是敬业精神的完美体现，而当这种精神成为大家工作的常态时，大家就养成了敬业的习惯，这时谁也不认为每天多工作几个小时就是吃亏了，反而他们只会觉得上下班在路上塞车才是对他们宝贵时间最大的浪费。

企业里每个人都敬业，这样的企业绝对会有很好的发展。如果你处处为企业着想，企业发展好了，也会给你带来更多更好的福利。把敬业变成习惯的人，既保障了自己的利益，同时也保障了企业的利益，你将与企业实现双赢！

三、认真的法拉第

英国著名的科学家法拉第在物理学中作出过不朽的贡献，声名卓著。然而，法拉第年轻时却不是学物理的。他在书店里当学徒，做书籍装订工作。法拉第工作敬业，刻苦努力，很快手艺超过了老师傅。一次，他去皇家科学院听课，正逢大科学家戴维在讲课。法拉第把戴维讲过的内容全记下来，装订成了《亨·戴维爵士讲演录》，寄给了戴维。戴维看到讲演录，从法拉第记录、整理、誊抄、装订的细致和精湛的技术上，看到了他那有条不紊、严谨认真的做事风格，认为这是搞科研不可缺少的。戴维向皇家学院举荐了法拉第。

从此，法拉第开始了创造辉煌的物理学探索。

如果法拉第一贯松松垮垮，敷衍了事，他怎能把戴维的演讲当回事？如果他不敬业，不下苦工夫学习，又怎能掌握一手精湛的技艺，受到戴维的认可和推荐呢？可见，敬业才是法拉第走向成功的根本。敬业不仅是学习技术，更重要的是养成遇事严谨、认真的习惯，锻炼一丝不苟的工作作风。

四、以恭敬严肃的态度对待自己的事业

鲍尔海斯德是美国著名的医药学家。当他看到世界上每年有成千上万的人被

毒蛇咬死时，便决心研制一种抗蛇毒的药物。他从天花的免疫力联想到蛇毒的免疫力，从 15 岁起就在自己身上注射微量的毒蛇胎体，并逐渐加大剂量和毒性。每注射一次，他就大病一场。他先后注射过 28 种蛇毒，经过多年的痛苦实验，终于对蛇毒有了抗毒性。后来他经常用自己有抗毒性的血液去拯救被毒蛇咬伤的人，并用自己的血液试制抗蛇毒的药物，使许多人免于死亡。

对自己岗位的爱，对自己职业的敬，在鲍尔海斯德身上体现得淋漓尽致，他用自己生命来捍卫伟大的事业。同时也告诉我们岗位和职业，既是一个人为社会服务的基本手段和场所，也是一个人实现自己人生价值和抱负的基本方式。

五、模具大王——李凯军

提起中国第一汽车集团公司的奥迪、红旗、捷达牌小轿车，人们都不陌生。在这些轿车上，许多加工难度大、工艺复杂、加工精度要求很高的关键性零部件，都和一个名叫李凯军的年轻人制造的模具有关。

李凯军是中国第一汽车集团公司模具钳工高级技师，全国五一劳动奖章、中华技能大奖获得者。1989 年 7 月，李凯军从中国一汽技工学校维修钳工专业毕业，来到一汽集团公司所属的铸造公司模具厂当了一名模具制造钳工。李凯军把这重要的一步作为学习技能、苦练硬功的新起点。当时，李凯军只有一个念头："学好本事，干好工作，做一名有出息的工人。"想法虽然普通，但折射出来的却是他岗位成才的志向。他对自己的要求是：理论上要弄通，操作上要练精。李凯军刻苦钻研模具制造专业知识，苦练模具制造所涉及的车、钳、铣、刨、镗、电焊等技术，通过勤学苦练，李凯军的技术得到了全面提高。入厂仅 7 个月，他就独立完成了 CA141 发动机盖板模具的制造，被定为一等品。李凯军还结合模具制造中遇到的技术难题进行攻关，不断推动模具制造技术的创新。这些年来，凭借这种钻研精神，李凯军加工制造了数百种优质模具，尤其是出色完成了重型车变速箱壳体等高难度压铸模具的制造，在我国高、精、尖复杂模具加工方面独具特色。工友们说，汽车上凡是涉及模具的部件，几乎都留下了李凯军攻关的成果。为了表彰李凯军为企业作出的突出贡献，一汽将他评为一级操作师，并享受与高级管理人员、高级专业技术人员同等的待遇。

李凯军说过："只有在技术上精益求精，扎实工作，爱岗敬业，制造出优质产品，才能为国家作出应有的贡献。"

李凯军的经历生动地诠释了什么叫敬业成就事业。正是对职业的敬，使他能够努力钻研技术，获得巨大的成功。

六、比尔·盖茨的"成功潜质"

卡菲瑞先生回忆起比尔·盖茨小时候时曾这样叙述："1965 年，我在西雅图景岭学校图书馆担任管理员。一天，有同事推荐一个四年级学生来图书馆帮忙，并说这个孩子聪颖好学。

不久，一个瘦小的男孩来了，我先给他讲了图书分类法，然后让他把已归还图书馆却放错了位置的图书放回原处。

小男孩问：'像是当侦探吗？'我回答：'那当然。'接着，男孩不遗余力地在书架的迷宫中穿来插去，不一会儿，他已找出了三本放错地方的图书。第二天他来得更早，而且更努力。干完一天的活后，他正式请求我让他担任图书管理员。又过了两个星期，他突然邀请我上他家做客。吃晚餐时，孩子的母亲告诉我他们要搬家了，到附近一个住宅区。孩子听说要转校，就担心地问：'我走了谁来整理那些站错队的书呢？'

我一直记挂着他。但没过多久，他又在我的图书馆门口出现了，并欣喜地告诉我，那边的图书馆不让学生干，妈妈把他转回我们这边来上学，由他爸爸用车接送。'如果爸爸不带我，我就走路来。'其实，我当时心里便应该有数，这小家伙决心如此坚定，又能为人着想，则天下无不可为之事。不过，我可没想到他会成为信息时代的天才、世界首富。"

从卡菲瑞的讲述中我们可以看出，比尔·盖茨对待图书管理员这样的工作，就已经表现出一种超乎同龄人的责任心和敬业精神，难怪他能在信息时代叱咤风云。

七、如何看待跳槽现象

面对市场经济条件下的跳槽现象，人们众说纷纭，褒贬不一。如何正确看待跳槽现象呢？

1. 更新观念

现在大家都有一个共识，在人的一生中，只从事一种职业或安居一个单位，容易达到安居乐业的目的，但在日益开放的社会背景下，未必是最佳的选择。一个人几十年的职业生涯，如能适应时代的发展和自身成长的进程，适时地转业跳槽，可能会更有效地挖掘自身的潜力，使得自己与职业和工作在动态中更趋于协调，从而走上职业生涯的成功之路。

2. 切勿盲目跳槽

在决定是否跳槽之前，进行一番自我评估是十分必要的。既然要调换工作或单位，就得对自己的能力、特长、弱点等作客观的分析，既不可妄自菲薄，又不应盲目自大，而要实事求是。若估计过高，一旦跳槽就会发现自己在新的工作岗位上力不从心，时间久了会使新单位失望，也给自己的发展设置了障碍；相反，如果把自己的能力估计得过低，轻率地调换了一种工作，事后可能会感到今不如昔，或大材小用。在进行自我评估时，还要用发展的眼光看自己、看环境。如果自己某方面的能力与工作要求有差距，但通过一段时间的努力这种差距会消失；或者，虽然目前的条件较差，但随着时间的推移环境会逐渐变好，这样就不一定非跳槽不可。

3. 频繁跳槽不受欢迎

用人单位不是菜市场，想来就来，想走就走。人才的合理流动可以优化劳动力资源的配置，但对于个体的从业者来说，频繁地更换工作并不利于个人的发展和企业对人才的培养，同时还会引发一系列社会问题。用人单位，特别是一些新兴企业，对频繁跳槽者持不欢迎的态度。道理很简单，希望招聘进来的人才能够迅速到位，安下心来为企业踏实工作，不希望刚刚培养成熟就"身在曹营心在汉"。凡好高骛远，不断跳槽者，最终则可能一事无成。

八、曾子以信教子

曾子的妻子准备去赶集，由于孩子哭闹不已，曾子的妻子许诺孩子回来后杀猪给他吃。曾子的妻子从集市上回来后，曾子便捉猪来杀，妻子阻止说："我不过是跟孩子闹着玩的。"曾子说："和孩子是不可说着玩的。小孩子不懂事，凡事跟着父母学，听父母的教导。现在你哄骗他，就是教孩子骗人啊。"于是曾子把猪杀了。曾子深深懂得，诚实守信，说话算话是做人的基本准则，若失言不杀猪，那么家中的猪保住了，但却在一个纯洁的孩子的心灵上留下不可磨灭的阴影。

古今中外，如曾子这样诚实守信的人，举不胜举。这些人诚实守信，一诺千金，教育和鼓舞了一代又一代人。

九、诚信带来的机遇

凯特已经失业 6 个月了。他寄出去的十几份求职信都被无情地退了回来。他瘫坐在一间普通民房的一把旧藤椅上。为了换取维持生命的食物，他已卖光了家中所有的东西。浑浊的泪水沿着他眼角细密的皱纹流了出来。他想到了轻生。突然，凯特想起了一件事。他从贴身衣兜里掏出了那张发黄的信纸。这是他在求职时偶然遇到的老板让他转交的一封信。他自言自语：我已经答应了，就去办吧！这是最后一件事了。凯特来到盖茨的公司。当他走进办公室时，盖茨异常痛苦地抱着头，一筹莫展。凯特平静地把信递给他说："这是罗斯福先生让我转交给您的，好了，再见。"凯特还没有出门，就听见盖茨激动地大叫："啊！我有救了！"他追上来抱住了凯特。原来盖茨正在等待一个非常重要的客户的账号，如果他得不到这个账号，就有可能破产。"谢谢！谢谢！我能帮你做些什么呢？"凯特布满血丝的浑浊的眼睛里放出了光芒，他小心翼翼地说："我需要一份工作。"凯特如愿以偿。诚信救了盖茨，更救了凯特。

凯特的诚信给他带来了机遇，生活中我们并不见得总是碰上这么凑巧的事，但是诚信作为我们无形的资本最终会在这里或那里给我们带来意想不到的回报。

十、晏殊信誉的树立

北宋词人晏殊，素以诚实著称。在他 14 岁时，有人把他作为神童举荐给皇帝。皇帝召见了他，并要他与 1 000 多名进士同时参加考试。结果晏殊发现考的内容刚好是自己十天前刚练习过的，就如实向皇帝报告，并请求改换其他题目。宋真宗非常赞赏晏殊的诚实品质，便赐给他"同进士出身"。晏殊当职时，正值天下太平。于是，京城的大小官员便经常到郊外游玩或在城内的酒楼茶馆举行各种宴会。晏殊家贫，无钱出去吃喝玩乐，只好在家里和兄弟们读写文章。有一天，真宗提升晏殊为辅佐太子读书的东宫官。大臣们惊讶异常，不明白真宗为何做出这样的决定。真宗说："近来群臣经常游玩饮宴，只有晏殊闭门读书，如此自重谨慎，正是东宫官合适的人选。"晏殊谢恩后说："我其实也是个喜欢游玩饮宴的人，只是家贫而已。若我有钱，也早就参与宴游了。"这两件事，使晏殊在群臣面前树立起了信誉，而宋真宗也更加信任他了。

十一、失信导致丧生

《郁离子》中记载了一个因失信而丧生的故事。济阳有个商人过河时船沉了，他抓住一根大麻秆大声呼救。有个渔夫闻声而至。商人急忙喊："我是济阳最大的富翁，你若能救我，就给你 100 两金子。"待被救上岸后，商人却翻脸不认账了。他只给了渔夫 10 两金子。渔夫责怪他不守信，出尔反尔。富翁说："你一个打鱼的，一生都挣不了几个钱，突然得到十两金子还不满足吗？"渔夫只得怏怏而去。不料想后来那富翁又一次在原地翻船了。有人欲救，那个曾被他骗过的渔夫说："他就是那个说话不算数的人！"于是商人被淹死了。商人两次翻船而遇同一渔夫是偶然的，但商人的不得好报却是在意料之中的。因为一个人若不守信，便会失去别人对他的信任。所以，一旦他处于困境，便没有人再愿意出手相救。失信于人者，一旦遭难，只有坐以待毙。

这是我们从小就熟悉的"狼来了"故事的另一个版本。不讲诚信的人就如同这个商人一样，只注重眼前实在的利益而看不到丧失诚信可能带来的危害。其实，把不讲诚信的所得和所失比较，我们会惊奇地发现，最终二者就像芝麻和西瓜的比较。不讲诚信就是"捡了芝麻，丢了西瓜"。

十二、诚信缺失，乳业巨头自食其果

石家庄三鹿集团股份有限公司（简称三鹿集团）是一家位于中国河北石家庄的中外合资企业，主要业务为奶牛饲养、乳品加工生产，主要经营产品为奶粉，其控股方是持股56%的石家庄三鹿有限公司，合资方为新西兰恒天然集团。1983年，三鹿集团成为中国国内第一家规模化生产配方奶粉的企业。2006年，其位居《福布斯》杂志评选的"中国顶尖企业百强"乳品行业第一位，一度成为中国最大奶粉制造商之一，其奶粉产销量连续15年全国第一。三鹿集团不少产品都属于"国家免检"产品。

2007年底，三鹿集团收到多宗消费者投诉，指出饮用该公司的奶粉的婴儿尿液中出现红色沉淀物。2008年初，三鹿集团内部会议曾要求调查事件。2008年5月17日，公司组成问题奶粉处理小组，一方面继续追查问题源头，另一方面利用公关手段处理投诉。经查，奶粉中非乳蛋白态氮过高。其时三鹿集团也将产品送上国家部门检查，但未查出结果。7月，三鹿集团已经证实奶粉问题为三聚氰胺含量过高，开始回收产品并控制舆论对事件保密。

2008年9月，"三鹿奶粉事件"曝光，震惊整个中国社会。

其实，三鹿集团的问题奶粉早在2008年3月份开始就隐约浮出水面，一些泌尿系统结石病的投诉没有引起三鹿集团的重视，没有社会责任感、无视消费者利益的三鹿集团，刻意隐瞒不向政府报告，并且在2008年8月，三鹿集团已经在其产品中检出三聚氰胺。但该企业想得最多的是危机公关，以把事件的负面影响降到最小为目标。在受害者医疗、赔偿及新产品召回方面着力却不多，更别提关照到偏远乡镇的受害婴儿如何获得有效医疗这样的细节问题。进入9月份，事件波及面继续扩大，各地卫生部门不约而同地将疑点集中于三鹿奶粉，而三鹿集团每次都把责任推给消费者不懂得"科学喂养"，并且不忘把质检挂在嘴边，厚颜无耻地狡辩自己的产品是合格产品。直到9月11日，卫生部向世界卫生组织报告有关疫情，三鹿集团才被迫承认其销售了受三聚氰胺污染的毒奶粉，并且确认数量是700吨。

2008年9月17日，三鹿集团原董事长、总经理田文华被刑事拘留。同时，根据中华人民共和国《食品卫生法》和《产品质量法》，三鹿集团最高将被罚款两亿元人民币。

2008年12月20日，三鹿集团已被河北省石家庄市中级人民法院因三聚氰胺事件按债权人的要求判令破产，被移交破产产业管理人管理。

作为一个国内大型知名企业，本应服务于社会，服务于人民，然而由于其丧失了基本的职业道德，无视对公众的诚信，不但害了众多孩子，还害了自己，严重连累了国产其他乳品行业，同时，也严重损害中国产品在世界上的声誉。三鹿集团视来之不易的诚信品牌于不顾，最终自食其果，走向毁灭。

十三、在工作中把为人民服务具体化

要把服务意识落实到服务态度和服务质量上，在工作中体现"大服务"意识。"空姐每天平均微笑 600 次，连脸上肌肉都僵硬了；邮递员每两个月蹬破一双皮鞋；公共汽车司机每年开车绕地球一周；教师每周用完一盒粉笔；导游平均每天走路和说话是常人的三到五倍……"这一切就是为人民服务的具体体现。

一个人无论接受了何种服务，也无论他为此种服务付出了多少报酬，他都应该向服务者亲切致谢，这是一个有文化、有教养的社会必不可少的规则。在一个有教养的社会中，每一笔交易都应使买卖双方不但从物质上感到满足，而且从精神上感到愉快。那种拿钱买威风、摆架子、满足虚荣的行为，完全不是现代社会中服务与被服务的平等关系。因此，我们要学会怀着感恩之心接受服务。

十四、李素丽优质服务为大家

李素丽，北京市公交总公司公汽一公司第一运营分公司 21 路公共汽车售票员，1962 年出生，1987 年入党。她自 1981 年参加工作以来，数十年如一日，在平凡的岗位上，把"全心全意为人民服务"作为自己的座右铭，真诚热情地为乘客服务，被誉为"老人的拐杖，盲人的眼睛，外地人的向导，病人的护士，群众的贴心人"。1996 年，她被全国妇联授予"全国'三八'红旗手"。

1981 年，以 12 分之差没能考上大学的李素丽，到 60 路公共汽车上当了售票员。开了一辈子公共汽车的父亲的教育，党团组织的帮助，使她渐渐爱上了售票员的工作。特别是当她热情为国内外乘客服务，得到乘客赞扬时，更感到自己平凡岗位的不平凡。后来她又当了 21 路车的售票员。在这个平凡的岗位上，李素丽根据乘客的不同需求，给他们最需要的服务。"对内我代表首都，对外我代表中国。"对这句流行在首都窗口行业的话，李素丽有深刻体会。她常说："国内外乘客下了火车，接受北京的第一次服务，可能就是我这个售票员，服务的好坏直接关系到首都的声誉和中国的形象。我一定要让他们从一开始就享受到北京人的美好服务。"

"各位乘客，您好！欢迎乘坐我们 21 路 1333 号车。您可能来自祖国的大江南北、四面八方，我将用北京人热情、好客的传统，为您提供周到的服务。途中，如果有什么困难、有什么要求，请不要客气，我会热心帮助您。"伴着扩音器里李素丽甜润的声音，汽车启动了。

21 路公共汽车线路，走的不是多么繁华的地界，但南来北往的外地客人一下火车，往往就通过这路车接受北京人的第一次服务。这路车沿线 10 公里分布 14 个车站，售票员李素丽就在这平平凡凡的岗位上，用自己真诚的笑脸、热情的话语、周到的服务、给人们带来细致的关怀。她"岗位作奉献，真情为他人"的精神风貌，给乘客们留下难忘的印象。

1333 号车有一个漂亮整洁的车厢：彩旗挂满四周，地板漆色鲜艳，玻璃明亮照人，扶手干干净净，"乘客之家"几个大字分外醒目。

"礼貌待客要热心，照顾乘客要细心，帮助乘客要诚心，热情服务要恒心。"这是李素丽为自己定的服务原则。

"多说一句，多看一眼，多帮一把，多走一步；话到、眼到、手到、腿到、情到、神到。"这是李素丽对自己工作的要求。

李素丽售票台旁的车窗玻璃，一年四季进出站时总是敞开的。"这样我可以更好地照顾乘客。"即使下大雨，她也要把车窗打开，伸出伞遮在登车前脱掉雨衣、收拢雨伞的乘客头上。

李素丽习惯在车厢里穿行售票。车里人多，一挤一身汗，可她说："辛苦我一个，方便众乘客。"

她的车上设有方便袋，遇到堵车，就拿出报纸、杂志，让乘客看一会儿，缓解焦急；看到有人晕车或不舒服想吐，她会赶紧送上一个塑料袋；遇有不小心碰伤的乘客，她的小药箱里有创可贴；姑娘们夏天穿着长裙上下车，她忘不了提醒往上拎一拎，以免让人踩上摔跟头。李素丽售票台的抽屉里，放着一个小棉垫。这是特意为抱孩子的乘客准备的。把小棉垫垫在售票台上，让孩子坐在上面。

李素丽为她的岗位感到自豪。她说："是它给了我每一天都能向他人奉献真情的机会。如果我能把这 10 米车厢、3 尺票台当成为人民服务的岗位，实实在在去为社会作贡献，就能在服务中融入真情，为社会多增添一份美好。即便有时自己有点烦心事，只要一上车，一见到乘客，就不烦了。"

公共汽车是一个流动的小社会，车上什么样的乘客都有。特别是在早晚上下班高峰期间，车厢拥挤、嘈杂，有时还会发生矛盾和口角。李素丽往往几句话就化解了一个个矛盾。一次，李素丽查验下车乘客的车票，一个小伙子掏完衣兜掏裤兜，就是拿不出票来。李素丽看出小伙子没买票，说："您可能一时着急找不到票了，要不，你今天再买一张，下车后，你要是找到了，下次坐我的车就不用买票了。"小伙子不好意思了，拿出两元钱说："大姐，刚才我没买票，您说怎么罚就怎么罚吧！""按我们的规定，下车逃票才罚款，您及时补票就行了。下次上车要主动买票，这样就不耽误您的时间了。"事后，李素丽说："人人都有自尊心，售票员不能得理不让人。让乘客下台阶，我的服务就上了台阶。"对待一些不讲理的乘客，李素丽也是以礼待人，以情感人。有个小伙子上了车就往干干净净的地板上吐了一口痰。李素丽轻声提醒他不要随地吐痰。不想气呼呼的小伙子又吐了一口。这时，李素丽没有再说话，走过去，掏出纸把地板上的痰迹擦干净。在全车人的注视下，小伙子脸红了，下车时连连道歉："刚才全是我不对，请大姐原谅。"

"每一条公共汽车的线路都有终点站，但为人民服务没有终点站。我永远属于我的乘客，属于我的岗位。"工作中总会有不顺利的时候，但让李素丽欣慰的是，她有一个温暖的家庭。她越是节假日和星期天就越不能休息，一年到头很少有机会全家一起出去玩一玩，可她的工作得到了丈夫和女儿的理解与支持。车上那只漂亮的小药箱，就是李素丽的丈夫用两个晚上赶制出来送给妻子的礼物。女儿莎莎精心扎了三朵花，挂在车厢里，让妈妈一看见花就想起爸爸和莎莎。

我们大多数人都是平凡的，而且也许会一生都平凡。但是我们都是社会中的一员，我们既被人服务也服务别人，正是这些服务在不断地创造价值，美化了人们的生活，提升了生活的品质，进而也就推动了社会的进步。

十五、责任认识的误区

有的人认为，讲责任太沉重，担责任太劳累，不轻松，不潇洒。这种认识是不全面的。常言道："天地生人，有一人当有一人之业；人生在世，生一日当尽一日之勤。"作为社会人，不可能脱离责任而生存。你不扛枪我不扛枪，谁来保卫国家；你不劳动我不劳动，谁来创造财富；你不担责我不担责，谁来推动社会进步。有收获必有付出，有享受必有奉献，这是生活的法则。"尽力履行你的职责，那你就会立刻知道你的价值。"逃避责任、坐享其成、虚度光阴，这样的人生是没有价值的。勇敢地担负起自己的责任，人生才会充实，生活才有意义。这样的人生才是真正的"潇洒走一回"。也有人认为，责任是一种束缚，限制个人自由，阻碍个性发展。这种把责任和自由割裂开来、对立起来的认识，也是不正确的。责任与自由是不可分割的。自由以责任为边界，责任以自由为外延。履行责任与享受自由是成正比的。享有自由，就意味着负有责任；履行责任，才会享受更充分的自由。天底下没有为所欲为、无拘无束的自由。责任限制的是一种主观上的任性，彰显的恰恰是自由。主观上的任性，行动上的随心所欲，只会导致不自由。

十六、责任伴我们成长

当你还是婴儿的时候，你的活动通常是别人行为的结果。父母亲喂食的时候你就吃，他们走到哪儿把你带到哪儿，你完全依靠父母亲或者照看你的人。

当你稍微长大一点，有了一点能力的时候，你的依赖性就稍少一点，而责任心有了一些。你学会了穿衣、吃东西、说话，以及和其他孩子玩耍。你的责任在于上学和完成作业。

不久你将长大成人，要为自己和其他人负责。你准备好为其他人负责了吗？

（1）我为自己所做的每件事负责。如果我做得好，就得到信任，如果我把事情弄糟了，我必须承认是我做的，而不把责任推脱在别人身上。

（2）我有责任接受教育，以便能找到工作，并且能够胜任它而不依赖别人。

（3）我有责任尊重和体谅所有人。

（4）我有责任支持我的社区、国家和世界。

（5）我有责任保护地球。

十七、鱼和木头的区别

你的青少年时代可以像鱼一样度过，也可以像木头一样度过。河里的鱼既可以往上游，也可以往下漂。如果停止游动，它就会顺流往下漂；如果要往上游，它就要对抗水流的自然流向，却能够饱览河流给它的一切。相比之下，木头只能漂着。它没有选择，河水带它到什么地方它就落到什么地方。现在你要问自己一个问题："你是要设计并决定自己的未来，还是像河里的木头一样漂向自己的未来呢？你到底是想做鱼还是木头？"

十八、小疏忽造成大后果

某广告公司的员工犯过这样一个错误，在为客户制作的宣传广告中，由于粗心大意以至于将客户联系电话中的一个数字弄错了。当他们把制作的宣传单交给客户时，客户由于时间紧，第二天就要在产品新闻发布会上使用它，所以没有详细审核就接收了。直到新闻发布会结束后，在整理剩下的宣传单时，才发现关键的联系电话有错误，而此时宣传单已发放了5 000多份了。客户一怒之下，向广告公司要求巨额赔偿。由于错在己方，再加上客户召开新闻发布会的费用的确巨大，无奈之下，广告公司只好按照客户的要求进行了赔偿。然而，事情并没有就此结束，这件事情传开后，广告公司便在客户中失去了声誉，渐渐没有生意可做了，因为没有人再敢把自己的业务交给他们去做，害怕再出差错给自己带来麻烦和造成损失。

这样一次看似小小的失误，就把一家本来极有前途的广告公司击垮了。我们不妨设想一下，假如广告公司的员工在工作时能更认真负责点，把工作做好，那么，这样的结果是完全可以避免的。

十九、艾尔森的调查

几年前，美国著名心理学博士艾尔森对世界100名各个领域中的杰出人士作了问卷调查，结果让他十分惊讶———其中61名杰出人士承认，他们所从事的职业，并不是他们内心最喜欢做的，至少不是他们心目中最理想的。

这些杰出人士竟然在自己并非喜欢的领域里取得了那样辉煌的业绩，除了聪颖和勤奋之外，究竟靠的是什么呢？

带着这样的疑问，艾尔森博士又走访了多位商界英才。其中纽约证券公司的金领丽人苏珊的经历，为他寻找满意的答案提供了有益的启示。

苏珊出生于中国台北的一个音乐世家，她从小就受到了很好的音乐启蒙教育，非常喜欢音乐，期望自己的一生能够驰骋在音乐的广阔天地，但她阴差阳错地考进了大学的工商管理系。一向认真的她，尽管不喜欢这一专业，可还是学得格外刻苦，每学期各科成绩均很优异。毕业时被保送到美国麻省理工学院，攻读当时许多学生可望而不可即的 MBA，后来，她又以优异的成绩拿到了经济管理专业的博士学位。

如今她已是美国证券业界风云人物，在被调查时依然心存遗憾地说："老实说，至今为止，我仍不喜欢自己所从事的工作。如果能够让我重新选择，我会毫不犹豫地选择音乐。但我知道那只能是一个美好的'假如'了，我只能把手头的工作做好……"

艾尔森博士直截了当地问她："既然你不喜欢你的专业，为何你学得那么棒？既然不喜欢眼下的工作，为何你又做得那么优秀？"

苏珊的眼里闪着自信，十分明确地回答："因为我在那个位置上，那里有我应尽的职责，我必须认真对待。""不管喜欢不喜欢，那都是我自己必须面对的，都没有理由草草应付，都必须尽心尽力，尽职尽责，那不仅是对工作负责，也是对自己负责。有责任感可以创造奇迹。"

"热爱是最好的教师"，"做自己想做的事"，这些话已经是耳熟能详的名言。但是，"责任感可以创造奇迹"却容易被人忽视。对许多杰出人士的调查说明，只要有高度的责任感，即使在自己并非最喜欢和最理想的工作岗位上，也可以创造出非凡的奇迹。

二十、抓住灵感的技巧

（1）抓住灵感。好的方法和主意有时只在脑海里一闪即消失，就好比一只狡兔一样，你可能只看到它的耳朵和尾巴，为了抓到它，你必须全神贯注，尽力捕捉住。最简单的办法，就是把一闪即过的念头马上用笔记下来。

作曲家贝多芬1821年在马车上打盹的时候，耳边闪现出一首动听的轮唱曲，但他还没有清醒过来那首曲就消失了，并且一直记不起来了。第二天在同一辆马车里，那首曲又出现了，他马上把它记下了。后来成了他的一个很好的作品。

（2）当一个好的主意出现时，你应该马上记下来，必要时可以记在手上。虽然并不是每个主意都有价值，但要先记下，然后再评估它的价值。

（3）做白日梦。人在似睡非睡状态下最容易激发灵感，最会"胡思乱想"，想的东西离平时现实中的较远。就是这样的胡思乱想，往往成为平时被人们忽略的好主意。

超现实主义派的画家达利经常躺在沙发上，手里拿着一把汤匙，地上放着一个盆子，在他昏昏欲睡时，手中的汤匙就掉在盆子中发出很大的响声，这响声会惊醒他，他就马上用草图记下他在半梦半醒时的丰富多彩世界中所想象到的画面。

我们每个人都可能经历这种奇妙的状态，我们也可以采用画家的诀窍。对许多人来说，在床上、在洗澡间或者公共汽车上，精神相对放松，是发挥想象力的好地方。在这些类似的场合，只要你能让神思不受干扰，就可能产生灵感，然后马上把想法记下来。

（4）环境刺激。一个人受到刺激时最容易产生智慧。比如一个人被歹徒禁闭在房子里，他就会想方设法逃跑，甚至采用常人想不到的办法，这就是俗话说的急中生智，也是环境刺激的一种。

二十一、如何激发团队意识

1. 要有明确的团队目标，并使其深入每个成员的内心

目标是一面旗帜、一盏指明灯，它可以带领大家朝着共同的方向去努力、拼搏，直至达到预期的结果。做任何事情如果没有明确的目标，就好比无舵之船，在茫茫的大海中永远找不到停靠的岸。目标可以是管理目标、生产目标，也可以是安全目标、品质目标、效率目标，只要经过深思熟虑制定出了符合自身团队发展要求的目标，就必须要让每位成员牢记在心。在会上进行多次宣传，让大家统一思想、达成共识，明确努力的方向，这样才能有目的、有计划地去努力。

2. 要尊重成员，以鼓励为主，尽量少一些批评

尊重成员不仅仅要尊重他们的人格和劳动成果，而且还要尊重他们提出的一些合理的意见和建议。当成员通过踏实肯干取得成绩时，要激励其再接再厉、继续努力；当成员由于思想麻痹犯了错误时，要诚恳地指出问题的根本原因和今后的努力方向，并希望下次不要有类似的事情发生或希望下次能见到他表现好的一面，而不是一味地加以指责。这样不仅可以使成员觉得得到了尊重，而且还可以让成员在认识到自己错误的同时，能够树立信心，不断地去修正自己的行为，做好工作，达到要求。

3. 要充分调动每一个成员的主观能动性

如果每个成员的长处和优点都能在工作和学习中得到有效地发挥，那么人人

都是块闪光的金子。尺有所短，寸有所长。每个成员的长处和短处要在工作中尽量做到因人而异。对能力强又有主见的成员，只要告诉他团队的要求以及具体的实施过程，这样就可以充分发挥他的长处；对于思想比较保守、依赖性强、踏实肯干的员工，则应有具体的要求，让其明确自己的责任和工作任务；在相互配合协作方面，则要考虑成员的互补性，性子急的可以带动性子慢的，性格外向的可以影响性格内向的，用最佳的组合方式工作才能很快实现团队的目标。

4. 要树立领导的威信和建立良好的人际关系

领导是团队的核心，只有处理问题公正、果断，不拖泥带水，让每个成员心服口服，才能在工作中发挥决策作用。领导的威信使成员有种敬畏感，可以使成员服从领导的安排与要求，而不会出现成员与领导讨价还价或不服从安排的现象。同时，领导也应和成员建立良好的人际关系。这样，在与成员沟通的过程中，才可能真诚地与成员进行沟通，让他们觉得领导平易近人，进而乐于接受。同时还可以了解到他们的个性、习惯等，为以后工作更加合理的安排带来参考作用。总之，激发成员的团队意识就是要不断增强企业的凝聚力和战斗力，使每位员工都有一种归属感，让他们清楚地认识每个人都是团队中一个不可缺少的成员，并能自觉主动地为团队争荣誉做奉献。

活 动 建 议

活 动 一 诚 实 守 信 主 题 班 会

一、活动目的

使学生明礼诚信，做一个诚实守信的人。

二、活动方案

（1）发动学生找"诚实守信"这方面的资料。

（2）由正、副班长负责主持。

（3）班主任小结。

形式：朗诵、举例子、讲故事、小品、讨论。

三、活动过程

（1）由班长朗诵一段话，引入班会课主题。如：诚实，即忠诚老实，就是忠于事物的本来面貌，不隐瞒自己的真实思想，不掩饰自己的真实感情，不说谎，不做假，不为不可告人的目的而欺瞒别人。守信，就是讲信用，讲信誉，信守承诺，忠实于自己承担的义务，答应了别人的事一定要去做。忠诚地履行自己承担的义务是每一个现代公民应有的职业品质。我们今天的班会课主题："诚实守信"。

（2）让学生举出古今中外"诚实守信"的事例。

（3）举出班上有哪些诚实的同学，说说他们的事迹。又有哪些不诚实的同学，具体表现在哪些方面？

（4）讲故事（诚实的故事），内容略。

（5）主持人朗读一个事例，然后讨论。如：一个年轻人得到了健康、诚信、才华、金钱、荣誉、机敏和美貌七个行囊，在过河时遇到大风浪，艄公让他扔掉一个，不然就会葬身河底。年轻人最终选择扔掉了诚信。

（6）讨论，题目为你对年轻人的选择有什么想法？

请大家分组讨论，并将讨论记录交班主任处。

（7）班主任小结。

活动二　责任伴我成长主题班会

一、活动目的

（1）让学生懂得一个人做事要有责任心，要有负责到底的精神，学会自己做的事自己负责。

（2）通过本主题班会，使学生明确对自己、对集体、对社会负责的内涵和基本要求。

二、活动过程

第一部分：对自己负责（20分钟）。请同学们以"我愿意"开头讲述对自己负责的事。

老师解释：现代汉语词典上的解释是责任——分内应做的事。

第二部分：对集体负责（20分钟）。

1. 对班级负责

老师阐述：每个同学都生活在班集体中，都是班集体的一分子，同学个人的利益和班集体的利益根本上是统一的。同学们在校期间，除了搞好自己的学习，还应该为班集体做一些力所能及的事。例如：自觉遵守学校的规章制度、积极参与班级的管理、参与班集体的各项劳动、学校的公益活动以及积极代表班集体参加社会活动等。这也是每个同学的责任，把它做好就是对班集体负责。

2. 对社会的责任

社会远比校园复杂得多，看看以下用图片（事先收集好的）记录的不负责任的社会现象，说明不负责任对社会的危害。（由同学看图片谈感受）

老师作结论：责任在社会生活中无处不在，拥有它，将生活和谐；缺少它，将寸步难行。

【学习收获】

同学们，在学习"职业意识的培养"的内容后，你有什么收获，用几句话写下来。

【活动情况记录】

活动时间：

活动方式：

【效果评价】（教师填写）

【意见和建议】

主题三 就业基本知识与技能

　　丹丹去应聘水产公司的经理助理，因为自身条件不错，丹丹认为自己很有希望得到这份工作，于是出发前着实打扮了一番，花枝招展地就去面试了。谁知道她高兴而去，败兴而归。经理委婉地告诉她：我们公司要求经理助理有很严肃认真的工作态度，并且穿着要得体。丹丹很后悔。

　　招聘方要求的是有专业知识、有职业技能、懂职业理念的人才，这类人才反映在面试当中，往往从着装打扮、举止仪表、职业语言等各方面带有职业特点，即所谓的职业形象。中国有句谚语叫"人靠衣装，马靠鞍。"好形象是需要陪衬、设计的。丹丹的面试失败告诉我们，对走向职场的毕业生来说，个人形象很重要，尤其是职业形象，直接影响着面试官的取舍定夺。

基 本 知 识

一、塑造职业人形象

　　什么是职业形象？就是一个职业人士在职业场合由外在的整体形象和从内向外表现出来的言谈举止及礼貌礼仪所传递给别人的信息所形成的印象，这个信息在与人交往中表达着他个人所具有的品质。简而言之，即通过衣着打扮、言谈举止、职业语言等方面所树立起来的印象。职业形象反映了一个人的个性、形象及公众面貌。

　　作为即将毕业的中职学生，怎样才能塑造一个职业人的形象呢？

（一）个人职业形象设计

　　做好个人职业形象设计的根本目的在于定位自己的身份。个人职业形象设计可以通过多种途径、多种方法反映出来，如学习能力、良好素质、个人能力、技术水平、情商水平等。面对激烈的职场竞争，我们首要的任务是要找出自己独特的优势、自己的闪光点、自己的长处，并且准确无误地表现出来。

　　1. 求职阶段形象设计

　　（1）个性化设计，使自己有别于他人：

　　第一，给自己准确定位，即在用人单位确定自我形象的特定位置，关键在于了解自己和用人单位。作为一个求职者，必须要了解自己的能力、兴趣爱好、性格、特长以及适合的职业，为自己准确定位是走出求职困境的第一步。要弄清楚"我是谁？""我能够做什么？""我应该做什么？""我可以选择如何做？"

第二，展示自己独有的性格。在求职时，与其为自己资历浅和经验少而遗憾不已，不如动动脑筋去彰显自己的独特之处，倘若你能够通过超凡脱俗的表现显得自己卓尔不群，相信一定能引起用人单位的兴趣，赢得招聘者的青睐。

第三，将自己与竞争者区别开来。在强手如林、竞争激烈的今天，你若想在竞争中脱颖而出，就必须设法把自己与竞争对手区别开来，做独一无二的自己，而不是别人的复制品。踩在别人的脚印里，你永远都不会走快、走远。年轻学子们只有选择从不同的角度去审视问题和解决问题，才能展示过人的智慧，从而将自己与竞争对手区别开来，让人们刮目相看。

第四，细化自己的特点。很多毕业生可能并没有什么骄人的成绩和特别突出的专长，他们感到实在没有什么可以具体展示的，于是只好对自己加以反复的介绍。其实，现实中有特长的人毕竟是少数，大多数人并没有什么明显的特长。但是，没有特长不等于没有特点。在没有特长的情况下，你可以细化自己的某一特点以引人注目。比如，你很诚实，你便可以说自己是一个特别诚实的人——而为了细化这一点，你可以进一步说，自己一说谎就会脸红，这样就容易让人记住你。

第五，采用戏剧化手法，生动形象地推介自己。在求职过程中，会遇到阻力和拒绝。在这种情况下，仅仅靠平铺直叙地叙述事实来推介自己往往难以奏效，你必须设法使事实更生动、更有趣，为此，你应该学会寻求一些戏剧性的方法以吸引别人的关注，提高别人对你的兴趣。

（2）组织化设计，与用人单位契合，与时代合拍。要立足于职场，就必须与用人单位的基本要求和目标合拍或者说契合，因而在职场设计时，要使自己的职业形象能够得到组织的认同，使自己被接纳。

组织化设计的第二个要求是顺应时代潮流。你必须学会紧跟时代，不是将自己不合时宜的形象刷新，而是不断地学习新的知识和新的技能，随着时代的脉搏跳动，才不至于落伍。

（3）针对性设计，有的放矢。针对性设计主要表现在两个方面：一是针对个人具体情况的设计；二是针对不同用人单位、不同岗位要求的设计。

许多毕业生在求职过程中，喜欢以一份简历应对所有的用人单位。殊不知，个人所学专业不同，成长经历不同，个人的技能、特长不同，优势与不足也有差异。再说，用人单位对应聘者的期待也不尽相同，不同岗位对应聘者的要求也有不同。这样以不变应万变的做法只会使自己坐失良机。

2. 初入职场形象设计

（1）初入职场应当立足当前。不能把握现在的人不会拥有未来。初入职场，千万不要为了未来而忽略眼前的事。用心做好当前的工作，那么你便能拥有未来。

美国的通用公司曾被誉为"经理人的摇篮"、"商界的西点军校"。美国《财富》500强的经理人，超过三分之一是从这家公司走出去的。他们都是从最基础的工作做起的，从画一张表格到接一个电话，写好一封邮件，从专业知识到专业技能，从管理手段到管理方式等。也正是这种立足于当前，踏踏实实做好每一件事的精神使他们得以成长，能够迎接更大的挑战。

（2）稳固地位需提高自身重要性。老板看中的是效益，他要的是有用之材。初入职场，要想稳固自己的职场地位，最佳方法便是使自己有用，并在此基础上提高自己的重要性，甚至是不可或缺性，让老板不敢轻易炒你。当然，这是一件极不容易的事。如果不能做到这一点，剩下的唯一方法便是超常努力，充满热情地对待工作。所有的老板都赏识这样的员工，不会轻易炒掉这样的好员工。而要成为一位好员工，你必须把老板的事也当成自己的事来做，表现出主人翁姿态和干劲，积极主动地对待工作以及与工作有关的一切。

（3）以积极态度做平凡小事。有人说：态度决定成败。一个有积极态度的人并不否认消极因素及困难乃至困境的存在，他只是学会了不让自己沉溺其中，而想方设法以愉悦和创造性的态度克服困难，走出困境，迎向光明。

在现实中，我们经常看到一些人怨天尤人，抱怨上天对自己不公，没有人给自己做大事的机会，自己如何如何怀才不遇。"一屋不扫，何以扫天下。"其实机会就在你身边，关键在于你能不能采取积极态度，以做大事的态度去做一些平凡小事。倘若能够如此，小事终究会帮助你成就大事。古人云："不积跬步，无以至千里，不积小流，无以成江海。"也正彰显了这个道理。

（4）通过解决困难谋求发展。有人说：机会总是装扮成问题的样子，谁去解决问题，谁就拥有了机会。在能力本位的当今社会中，机会是给有能力和有准备的人的。设想一下，在工作中遇到难题时不依靠自己的才智全力以赴去解决难题，又怎能让人们看到你的才能？又哪里有机会得到提升？恐怕现有的职位也会被别人取代。

教师提示

职业形象设计及展示的目的就是：

➤ 让人们看见。在求职阶段，你每天都要将自己置身于就业市场中；而对于已踏入职场的你来说，你必须每天都有优良的表现。

➤ 让人们听见你的相关信息（展现与应聘岗位要求相匹配的素质和能力），并且要设法传递给关键人物。

➤ 让人们记住。将你独特的技能及经验进行整合，然后适时凸显出来。

➤ 让人们青睐。用事实说话，要向招聘者或同仁展示自己解决问题的能力，而不是仅仅告诉他们你有哪些出色的特质。

➤ 让人们尊重。说到做到，全身心投入去兑现自己的承诺。

（二）展示你的职业人形象

职业形象是通过衣着打扮、举止仪表、职业语言等方面所展示出来的。着装最能体现应聘者的外在形象，举止仪表能直接反应面试者的心理素质，职业用语也能反映一个人的专业知识及专业素质。好的职业形象应该靠这三方面来支持，缺一不可。

1. 着装打扮

着装最能体现应聘者的外在形象。美国形象大师罗伯特·庞德说过："服装是视觉工具，你能用它达到你的目的。"服装确实可以塑造一个人，因为服装体现出了一个人的文化素养和精神追求。在激烈的竞争中，无论是招聘员工或是提升员工，你出色的职业化着装将给你带来更多的机会。当然，着装要得体，否则也会适得其反，特别是在给人第一印象的面试阶段。

（1）穿好西服与套装。西服是男士的标志，无论是正装西服，或是休闲西服，都要合身，不能太大，或者绷得紧紧的。颜色蓝、黑、灰色都可以。颜色太浅或太艳都不合适。女士最好穿职业套装。套装适合于多种面试场合，最能体现职业特点。那些适合在私人场合穿着的服装，如超短裙等，绝不能在面试时穿着。

（2）衬衫要整洁。男士短袖、长袖衬衫都可以，以白色或淡色为宜，洗熨干净非常必要。女士穿长袖衬衫是最理想的，应避免穿短袖衬衫，更不能不穿衬衫。白色、浅蓝色或深蓝色的都可以，选一条与服装相配的丝巾效果会更好。

（3）佩戴饰物得体。领带是男士最重要的配饰，不但要打端正，颜色还要与衬衫搭配好。领带系歪，面试官会对你的认真程度产生怀疑。男士的配饰物只要手机、手表就足够了。女士的首饰也尽量少用，浓妆艳抹、珠光宝气只会让面试官产生反感。

（4）鞋和袜子要搭配好。男士只能穿黑皮鞋，但必须打好油，鞋跟要完好。要特别注意选择袜子，颜色要和你的西装相配，长短合适，黑色或者深灰色，一定不能穿白袜子。女士要避免穿鞋跟过高的高跟鞋，不但走起路来噪音大，也会显得自己不自信。袜子不要太显眼，穿颜色淡的或者肉色的都可以，千万不要露着染得色彩斑斓的脚趾甲。

（5）随身携带物品不宜过多。男士一个手提公文箱或文件夹就够了，女士的包型号可以稍微大一些，便于放材料。最忌衣兜鼓鼓囊囊装满东西。

2. 举止仪表

（1）表情要稳定自若。不要东张西望、左顾右盼，稳重一些会透露出你的成熟。不停地观察公司内部的设施，像是派来作调查的，这是毕业生最明显的小家子气，典型的没见过世面。

（2）举止文雅大方。不要无缘无故的乱做小动作，抓耳挠腮、整理服饰、玩弄小东西、身子不停地晃来晃去，都是内心紧张的反映。

（3）说话时目光对着面试官。这样能显出自己的真诚与认真态度，不要环顾左右而言它。如果面试者不敢正视面试官，或者盯着其他东西不放或目光游离，要么是不够专心，要么是不自信的表现。

（4）肢体动作自然配合语言。不要太拘束，也不要过于放荡不羁。当你对面试官的说法表示赞同时，要露出微笑或点头回应，不要表情严肃，机械地听、机械地回答，再有激情的面试官也会对你失望，因为在你身上看不到自信。

（5）头部、面部很重要。发型还是传统和保守一些为好，以整洁为适宜，既不要染成彩色，也不要过分前卫。不要有刻意"猎奇"的迹象，以自然为最好。男士胡须要清理干净，女士淡妆最好，涂抹鲜艳的颜色会使面试官产生反感。

3. 职业语言

（1）要准确使用职业用语。使用职业用语要准确，千万别冒充内行。把握不足就干脆别说，漏洞百出的非职业用语只能让面试官对你产生怀疑。

（2）专业用语要自然。不要故意卖弄专业口才，其实面试官都是行业内的专家，你任何一点遗漏都会让他们看出破绽的。谈话中自然而然带出专业名词或职业规则是最受欢迎的，面试官会觉得你具备执业理念、懂行。

（3）对实在拿不准的职业概念可以反问面试官。这样自己就不显得太被动，然后根据面试官的看法再谈个人观点，会收到步步递进的效果。

（4）职业用语不要带有过浓的学生气。"我对这个行业还认识不足"、"我们学校的这个专业是最好的"之类的幼稚语言最好不要说。毕业生故意表示谦虚或故意炫耀优越性都不太好，这样会让面试官觉得你不够成熟。

二、撰写求职简历

1. 求职简历制作概述

求职简历是找工作最重要的工具之一，是毕业生求职时最常见的一种自我推荐手段。好的广告有两个标准：一是清楚地介绍这是什么产品，它有什么用处；二是动人地介绍它有什么特点，与同类产品相比它有什么优势。只有这样，才能引起消费者的购买欲，使其在众多的同类产品中锁定这种产品。求职简历也一样。

求职简历可以向潜在的用人单位陈述一个人的履历、受教育情况、工作经验和所取得的成就。几乎每个求职者都写过个人简历。花点时间，准备一份完美的简历，将起到事半功倍的作用。但是，一份什么样的简历才可以打动人力资源经理呢？这里面的确还有不少的学问。

一般来说，人力资源经理拿到的简历的数量往往大大超出他们所提供的职位数，尤其是对于那些热门职位。因此，他们挑选过程的第一步就是剔除不合乎要求的简历。而人力资源经理们阅读每份简历的时间一般介于 40 秒至 5 分钟之间。换句话说，你的履历如果没有在 40 秒至 5 分钟内让他们满意，你可能就失去了这次机会。

当然，好的简历要有求职者良好的教育背景和职业经历作为基础。但是，如果你肯在制作简历过程中多下一些工夫，讲究一些技巧，你在求职过程中的胜算一定比与你有相近经历的人大得多。

2. 简历制作的基本原则

一份卓有成效的个人简历是开启事业之门的钥匙。正规的简历有许多不同的样式和格式。大多数求职者把能想到的情况都写进简历中，但我们都知道没有人会愿意阅读一份长达五页的流水账般的个人简历，尤其是繁忙的人力资源工作者。这里有三条写简历的重要原则：以一个工作项目为重点，将个人简历视为一个广告，再就是尽量陈述有利条件以争取面试机会。

原则一：要有重点。一个招聘者希望看到你对自己的事业采取的是认真负责的态度。不要忘记用人单位在寻找的是适合某一特定职位的人，这个人将是许多应聘者中最合适的一个。因此如果简历的陈述没有工作和职位重点，或是把你描写成一个适合于所有职位的求职者，你很可能将无法在任何求职竞争中胜出。

原则二：把简历看做一份广告，推销你自己。最成功的广告通常要求简短而且富有感召力，并且能够多次重复重要信息。你的简历应该限制在一页以内，工作介绍不要以段落的形式出现；尽量运用动作性短语使语言鲜活有力；在简历页面上端写一段总结性语言，陈述你在事业上最大的优势，然后在工作介绍中再将这些优势以工作经历和业绩的形式加以叙述。

原则三：陈述有利信息，争取成功机会。面试阶段所进行的简历筛选的过程就是一个删除不合适人选的过程。如果你把自己置身于招聘者的立场就会明白：招聘时每次面试都需要较长时间，因此对招聘者来说进入面试阶段的应聘者人数越少越好。招聘者对理想的应聘者也有要求：相应的教育背景、工作经历以及技术水平，这是应聘者在新的职位上取得成功的关键。应聘者应该符合这些关键条件要求，这样才能打动招聘者并赢得面试机会。同时，简历中不要有其他无关信息，以免影响招聘者对你的看法。

记住，写简历时，要强调工作目标和重点，语言简短，多用动词，并且避免会使你被淘汰的不相关的信息。人力资源管理者都很繁忙，在筛除掉不合适的应聘者前不会花费更多时间来浏览每一份简历。当你获准参加面试，简历就完成了使命。

3. 个人简历的主要内容

对于应届毕业生来讲，个人简历通常应该包括下面几个主要内容：个人资料、教育背景、社会实践、获奖情况、个人特点、专业课程。

（1）个人资料。包括姓名、性别、籍贯、政治面貌、年龄、民族、学历、联系方式、家庭地址等。这些资料一定要真实、准确。否则，可能因为联系方式有误而造成用人单位无法同你联系，错过了进一步接触的机会，因而失去了一次就业的机会。

（2）教育背景。教育背景指的是受教育的情况，包括就读院校、所学专业、所获学位等，一般是按年月顺序从现在到过去来写（也称为倒叙），所获得最高学位写在最前面。通常教育背景用简明直接的语言来叙述，不需要过多的修饰。

（3）社会实践。对于某些用人单位来说，你的社会实践情况很重要。因为他们可以从你的这些情况中了解到你的工作能力。所以你在写这一部分的时候，一定要挑选最能突出你工作能力的实践活动，使用人单位对你产生兴趣，给你面试的机会。

（4）获奖情况。获奖情况包括优秀学生干部、优秀团员、三好学生、专项奖学金等。列举获奖情况的方式可以有两种：一是采用时间先后顺序，二是采用所获奖励的级别轻重顺序。如果附上所获奖励证书的复印件，对你的求职尤为有利。自己发表过的文章或论文可以列出，有科技发明的同学也可进行说明，以更好地展示自己的水平。

（5）个人特点。包括自己的兴趣、爱好、特长、英语及计算机水平等。大多数用人单位在招聘应届毕业生时对英语及计算机水平很看重，出色的英语和计算机水平会在求职中发挥意想不到的作用。这就要求你在学校期间认真学习和掌握这两项基本技能。如果有驾驶、美术、音乐、体育等特长也不妨列出来，它对你的求职会有更大的帮助。

（6）专业课程。专业课在个人简历中占有重要的地位，用人单位首选专业对口的学生。因此，在撰写这方面的情况时，一定要分清专业课的主次，最好将课程分为两部分：主要专业课程和专业拓展课程。如某单位招聘经济类专业的毕业生，你的专业拓展课程有相关内容，你也可以去应聘，这样你的就业面就更宽了。

4. 个人简历设计和注意事项

个人简历设计的标准是整洁、简明、准确。除非你能写一手好字，否则个人简历一般应打印出来，以保证个人简历的整洁性；简历的标准应以招聘人员在两分钟之内看完为宜，一般一页，最多不超过两页；个人简历中所用的名词和术语要恰当、准确。设计中需要注意的事项有：把简历寄给成功可能性较大的用人单位人力资源部门，尽量不要折叠，用大一点的信封；认真检查简历，切忌错别字；找朋友帮你校对一下；传真简历时，记得用黑笔写在白纸上；用喷墨打印机或者激光打印机，不要用点阵式打印机；简历复印件应该干净整洁，不要有斑点；不要用 20 磅以上的字体；刚毕业的学生应把简历篇幅控制在一页之内；把求学时假期实习加上去；除非是应聘广告设计之类的职务，否则不要把简历做得太花哨；简历可能会交给扫描仪处理，所以应该把要点放在空白处。

应聘意向尽可能显得广泛一些，因为你可能要应聘几份工作；在求职信中具体指明你应聘的工作；不要用"获得"这样的词，它有施予的意思，而你根本没要求什么；用"实现"、"成为"、"争取"等词，显得你更有信心。

5. 简历标准模式

个人简历

【个人概况】

姓名：马思齐	性别：女	身高：167 厘米
出生年月：1980 年 1 月	民族：汉族	籍贯：江西
健康情况及心理素质：良好	政治面貌：共青团员	毕业院校：世纪大学
专业：货币银行学	学历：本科	电子邮件：888@ sina. com
联系电话：010 – 88888888		手机：138 × × × × × × × ×
通讯地址：世纪大学 001 信箱		邮编：100037

【教育背景】

1997 年 9 月—2001 年 7 月　　世纪大学财政金融学院

1991 年 9 月—1997 年 7 月　　核工业部 586 厂子弟中学

【获奖及成绩情况】

综合测评本专业第七名，学习成绩本专业第五名，学分积 4.80。第一学年：校优秀团员，三等奖学金，校三好学生。第二学年：院优秀团员，校级优秀干部二等奖，三等奖学金……

【外语及计算机水平】

通过全国大学英语四、六级水平考试和 TOEFL 考试，均获得优秀成绩，口语流畅，语音准确，阅读和写作能力突出。有较好的金融、会计英语基础。

通过全国计算机二级考试（FoxPro），熟练掌握 OFFICE 系列操作技巧，擅长运用 Word、PowerPoint、Excel 处理各种文档，熟练运用网络，能用 Frontpage 制作简单网页。

【主修课程】

货币银行学　　　证券投资学　　　国际金融　　　商业银行经营与管理　　　财政学

西方经济学　　　政治经济学　　　管理学原理　　　国际贸易　　　发展经济学

跨国公司　　　期货实务与技巧……

其他：金融英语　　　中英文打字　　　Ms－Word　　　Ms－Excel　　　FoxPro

【主要专业论文】

学年论文：《论银行并购带来的内部收益》　　　　　成绩：优

实习论文：《在中行本溪分行平山区支行实习有感》　　　成绩：优

【实践与实习】

2000 年 1 月—5 月　　　参加远程教育网络的课程脚本中"金融市场"、"固定资产的管理"的编写（教育部主编）。

2000 年 8 月　　　在中国银行本溪分行平山区支行实习，业务水平得到很大提高，曾参加社会兼职如家教、翻译、促销等。

【爱好特长与社会活动】

热爱运动，尤其擅长羽毛球、中长跑、滑冰等项目，中学曾获校 800 米第一名，大学期间每年代表班级参加院运会 800 米及其他项目，1999 年 4 月获院运会女子 800 米第二名。选修健美操、旱冰课且成绩优秀……

【个性特点】

本人责任心强，做事认真，乐于助人，有一定的统筹安排能力；热情开朗不失沉稳，对工作热忱，乐观向上，勇于接受挑战，有一定的处理问题能力。能吃苦耐劳，有一定的团队协作精神。

【求职意向】

愿意进入各银行、证券公司、会计师事务所等机构以及企事业单位从事信贷、财会、审计、涉外、公关等工作。

这是一份很耐读的简历，不仅版式清新，而且语言的感染力很强，使读者对其所述深信不疑，这也是作者高明之处。本文的另一个优点是作者的"个性特点"，在全文的各方面内容和用词造句上予以真实的体现，有种跃然纸上之感。

我们可以根据自己的实际情况，结合范文进行改写。

教师提示

➤ 所有内容都要围绕你的成就、最佳表现来写。

➤ 最多以两页为限，并且一定要把重点写在第一页。

➤ 使用 A4 规格质优的纸张，干净整洁，版面设计必须吸引人而且容易阅读。

➤ 用词简明、谨慎，严肃、认真。没有错字，留边充足，不要出现语法、标点或者打印错误。

➤ 别忘了留下联系方式。

三、体验求职面试

面试是指招聘单位在指定时间与地点，对应聘者进行当面考试的方式，目的在于了解应聘者解决问题的能力、应变能力、口头表达能力、逻辑思维能力、自控能力、性格特征等。

应聘者在很多情况下是直接面对面试官的。所以，面试礼仪就是最为重要的一个环节，你的一举一动、一言一行，都被面试官尽收眼底。

1. 面试的礼仪和规则

小张去公司面试，因为走得比较晚，加上第一次去不熟悉地点，所以迟到了几分钟。当小张气喘吁吁地来到考官面前，考官看了看表问："路上堵车了吗？"小张想这考官还挺不错，给他个解释迟到原因的机会。于是略带不满地回答："是有点堵车，加上你们公司提供的地址有点不清楚，所以找了好半天才找到。"听完这句话，考官的脸上也显出了不满的神色。随便问了小张几个问题，面试就结束了。那次面试小张当然没有被录取。

迟到只能说明两个问题：一是求职者对面试不重视，二是求职者是个不守时的人。不管面试时间是几点，做好充分的时间预算，起码给考官一个不错的第一印象，成功的机会才会大大增加。至于无故缺席，则更无机会可言。

礼仪是个人素质的一种外在表现形式，是面试制胜的法宝。现代生活中服饰打扮、举止言谈、气质风度、文明礼貌，无一不影响着你的形象，决定着你的前程和命运。由于举止得体，面试获得了机会，这个机会是工作机会也是学习机会，你将在工作中不断提高自己的能力。反之，如果职场上不注重礼仪，本来很好的机会，可能由于举止言行的某个失误，导致面试失败。在面试过程中，要注意的礼仪是什么呢？

（1）时间观念。守时是职业道德的一个基本要求。提前半小时以上到达会被视为没有时间观念，但在面试时迟到或是匆匆忙忙赶到却是致命的。如果你面试迟到，那么不管有什么理由，也会被视为缺乏自我管理和约束能力，即缺乏职业能力，给面试者留下非常不好的印象。

（2）着装得体，举止文雅，用语文明。参加面试时，注意仪表仪容，着装一定要大方、得体，符合你应聘的职位，仪容整洁。要保持良好的精神状态和修养，举止文雅，充满自信，注意使用"您好"、"谢谢"等礼貌用语。

第一，把握进屋时机。如果没有人通知，不要擅自走进面试房间。听到自己的名字被喊到，回答一声"是"，然后再敲门进入。听到里面说"请进"后，要回答"打扰了"再进入房间。开门关门要尽量轻。关门后，向面试官鞠躬行礼，面带微笑称呼一声"您好"，彬彬有礼而大方得体，不要过分殷勤、拘谨或过分谦让。

第二，专业化的握手。面试时，握手是最重要的一种身体语言。专业化的握手能创造出平等、彼此信任的和谐氛围。你的自信也会使人感到你能够胜任而且愿意做任何工作。这是形成好的第一印象的最佳途径。所以，在面试官的手朝你伸过来之后就握住它，有力地摇两下，然后把手自然地放下。握手应该坚实有力，有"感染力"。双眼要直视对方，自信地说出你的名字。

第三，恰当使用形体语言。在面试中，恰当使用非语言交流的技巧，将为你带来事半功倍的效果。除了讲话以外，无声语言也是重要的公关手段，主要有手势语、目光语、身势语、面部语、服饰语等，通过仪表、姿态、神情、动作来传递信息，它们在交谈中往往起着有声语言无法比拟的效果，是职业形象的更高境界。形体语言对面试成败非常关键，有时一个眼神或者手势都会影响到整体评分。面试中注意以下形体语言：

坐姿。进入面试室后，面试官请你就座时你才可以就座，坐下时应道声"谢谢"。坐姿也有讲究，"站如松，坐如钟"，面试时也应该如此，良好的坐姿是给面试官留下好印象的关键要素之一。

眼神。眼睛是心灵的窗户，恰当的眼神能体现出智慧、自信以及对公司的向往和热情。对面试官应全神贯注，目光始终聚焦在面试人员身上，在不言之中，展现出自信及对对方的尊重。注意眼神的交流，这不仅是相互尊重的表示，也可以更好地获取一些信息，与面试官的动作达成默契。

微笑。微笑是自信的第一步，也能为你消除紧张。面试时要面带微笑，亲切和蔼、谦虚虔诚、有问必答。面带微笑会增进你与面试官的沟通，会百分之百的提高你的外部形象，改善你与面试官的关系。赏心悦目的面部表情，使应聘的成功率远高于那些目不斜视、笑不露齿的人。不要板着面孔，苦着一张脸，否则不能给人以最佳的印象，争取到工作机会。听对方说话时，要不时点头，表示自己听明白了，或正在注意听。同时也要不时面带微笑，当然也不宜笑得太僵硬，一切都要顺其自然。表情呆板、大大咧咧、扭扭捏捏、矫揉造作，都是一种美的缺陷，破坏了自然的美。

手势。说话时适度做些手势，加大对某个问题的形容和力度，是很自然的。可手势太多也会分散人的注意力，需要时适度配合表达。交谈很投机时，可适当地配合一些手势讲解，但不要频繁耸肩，手舞足蹈。不要有太多小动作，这是不成熟的表现，更切忌抓耳挠腮、用手捂嘴说话，这样显得紧张，不专心交谈。

教师提示

> ➤ 面试时提前 10 ~ 15 分钟到达面试地点效果最佳，可熟悉一下环境，稳定一下心神。
> ➤ 对面试官迟到千万不要太介意，也不要太介意面试官的礼仪、素养。
> ➤ 自我介绍是面试实战非常关键的一步。
> ➤ 面试时要注意倾听并且清楚地、有针对性地回答面试官的问题。
> ➤ 不要接听手机，不要吸烟。
> ➤ 离开时，应礼貌地道谢并道别。

2. 面试中的建议

对大多数求职者，特别是应届毕业生来说，在上学期间各种笔试不断，所以对笔试尚能应对自如，而对面试则因经历少，常常不知所措。学会面试，是求职择业时面临的新课题。面试被广泛应用于人才劳务市场中，这是决定应聘者能否参加复试和签约录用的重要环节。用人单位通过面试，主要了解和掌握求职者的知识水平、心理素质、应变能力、语言表达、形象气质、处世态度和敬业精神等。可以说，面试是进行综合素质测验的考场，是求职者将自己全方位展示给用人单位，走向职业之路的第一关。因此，求职者掌握面试的技能技巧是获得就业机会的关键环节。一般应掌握以下几点：

（1）面试前的准备。俗话说，不打无准备之仗，"知己知彼，百战不殆。"机遇总是降临在有准备的人身上，求职者要在面试中立于不败之地，就必须做好面试前的准备工作。

第一，全面了解应聘单位

求职者对用人单位所有制的性质、工作环境、业务范围、企业特点、发展前景，对应聘岗位职责及所需的专业知识和技能等要有一个全面的了解，同时还应该通过熟人、朋友或有关部门了解对你进行面试的考官的有关情况以及面试的方式、过程和时间安排，索取可能提供给你的任何资料。

第二，正确自我评价。求职者要自信地应对面试，就必须对自己有一个清醒的认识，确定与自己的个性、兴趣相符的工作环境，熟悉与应聘岗位相关的专业知识、技能。

第三，反复模拟训练。求职者在面试前可先进行模拟训练，根据应聘岗位的性质和要求自拟模拟题，试着提出问题和回答问题，真正体验面试的氛围，检查自己的不足。

第四，资料准备充分。面试时要带好招聘单位的有关资料，以备随时查阅；要带上自荐书和自己所填报的资料应聘表、自己发表过的文章、写过的报告或计划书以及获得的各种奖励证书等；同时还要携带相关证件，以备招聘单位查阅。注意所有材料排列整齐，心中有数，以免面试中手忙脚乱给考官留下不好的印象。

第五，保持最佳风貌。面试前要调节好心态，要自信、乐观、镇静，千万不要尚未面试，就过多关注面试对自己的重要性和利益关系，产生焦虑、胆怯、害怕等紧张心理，使应有的水平和能力不能正常表现。另外，面试时要求衣着打扮要整洁、大方、得体，既符合应聘的职业形象要求，又能体现自身的形象气质特点。尽可能提前到达面试地点，熟悉面试环境，为面试成功奠定基础。

（2）面试中的应对技巧：

第一，要诚实应答。对面试官提出的问题，不知道，就坦率承认，对方一定会看中你的诚实。对面试官提出的看法和指出的不足之处，要虚心接受。主试人若说得不对，也只能是一笑了之，"仁者见仁，智者见智"，不要与对方争是非曲直。

第二，要准确应答。对面试官提出的问题要给予肯定的回答，切不可模棱两可，对于社会问题、国际问题一类比较大的题目，不要照搬报纸、电视上的说法，只要侧重发表一两点自己的真实看法即可。即使说得不准确，也表明你对社会、对人生、对时事有自己独特的见解，同样会获得面试官的好评。

第三，答问要讲策略。面试中，如果对面试官提出的问题，一时摸不着边际，以致不知从何答起或难以理解对方问题的含义时，可将问题复述一遍，并先谈谈自己对这一问题的理解。对不太明确的问题，一定要搞清楚。这样才会有的放矢，不至于南辕北辙、答非所问。如果想当然地去理解对方所提的问题，其结果可能被视为无知，甚至是不礼貌。

第四，答问要有独见。面试官接待的应试者不计其数，相同的问题问了若干遍，类似的回答也要听若干遍。因此，面试官会有乏味、枯燥之感。只有具有独到的个人见地和个人特点的回答，才会引起对方的兴趣和注意。

（3）正确处理面试求职失败。面试求职失败是指在面试时或结束后，被告知这个工作并不是给你的，或者你不能让用人单位相信你很适合这份工作。这时作为求职者应马上改变策略，坦然承认失败并要求面试官给些建议指导你今后求职。不管你当时是否承认他的观点，你都应虚心接受下来，日后好好反思，或许会有很大的启发和意想不到的收获。

四、掌握求职途径

1. 就业信息的获得与处理

对面临求职择业的毕业生来说，最关心的莫过于是否能及时得到更多的就业信息。谁能拥有更多、更有效的就业信息，谁就能赢得择业的主动权。在信息社会，掌握信息就等于掌握机会、掌握财富。一条信息可以救活一个企业，一个信息可以使贫困农民脱贫，所以说信息非常重要。我们的毕业生在求职时，多一条信息就多一次机会，多一种选择，多一条出路。

（1）获得就业信息的渠道：

①学校就业指导部门。学校的毕业生就业办公室（或指导中心），作为毕业生就业指导工作的职能部门，由于长期从事就业指导工作，与用人单位建立了长期友好的合作关系，也是用人单位向学校提供人才需求情况的信息集中地。就业指导部门发布的就业信息是属于正式渠道的信息，他们提供的信息无论是数量还是质量，都有明显的优势：可靠性高，针对性强，成功率大。这应该是同学们获取就业信息的首选渠道。

②各种供需见面会和人才招聘会。就业渠道多元化有利于学生获取更多的就业信息，毕业生与用人单位在供需见面会上直接见面、直接洽谈，还可以当场拍板，签订协议，比较简洁有效，信息来源比较直接、可靠，用人单位也可以挑选到自己满意的毕业生。

③计算机网络。随着计算机网络的应用越来越普及，上网求职也成为一种常见的求职方式。用人单位和毕业生将招聘信息及求职信息在网上公开，通过网络互相选择、直接交流。网上获取信息快、成本低、信息量丰富，即使身在异地也能获得大量招聘信息及就业机会。但须注意时效性和真实性。

④新闻媒介。毕业生就业作为社会普遍关注的热点问题，近来引起了新闻界的普遍重视，有关就业政策、行业现状、职业前景、招聘广告等也经常见诸广播、电视、报纸、杂志等新闻媒介，成为毕业生获取就业信息的渠道。

⑤通过各种社会关系获取信息。各种社会关系包括教师、校友、亲戚朋友等。本专业的教师比别人更清楚你适合到什么单位就业，而且往往在科研协作、兼职教学中与对口单位有着广泛的接触。校友大多在对口单位工作，对所在单位情况了如指掌。通过他们可以获得许多具体、准确的信息。家长和亲友对你的就业更为关心，他们与社会的方方面面有一些联系，也可以帮助提供就业信息。

⑥利用社会实践、毕业实习或业余兼职获取信息。社会实践是毕业生自我开发职业信息的重要途径。在社会实践过程中，同学们通过与社会的接触加强了与有关单位的联系，增进了彼此间的了解，通过自己的努力赢得用人单位的好感、

信任，取得职业信息甚至直接谋取职业不是不可能的事。毕业实习单位一般比较对口，便于直接掌握就业信息，在实习过程中与用人单位达成就业协议，那是再好不过的了。

⑦直接与用人单位联系就业信息。开始可以是"普遍撒网"，向你认为适合的用人单位写自荐信。确定重要目标后，通过电话预约，然后亲自登门拜访，这种"毛遂自荐"的方式也不失为获取就业信息，成功就业的途径之一。

（2）就业信息的处理。毕业生对于收集到的需求信息，应结合自己的实际情况，根据自己的兴趣、爱好、特长和职业理想加以筛选处理，去粗取精，去伪存真，有目的、有针对性地进行排列、整理和分析，确定一家或者几家用人单位，参加他们的有关招聘活动。筛选需求信息应注意以下几点：

①善于对比。通过多种途径获得的需求信息可能会显得杂乱无序，这就需要进行科学的排序。在这里首先需要注意的是识辨真伪，剔除过时的、虚假的信息；其次是将与自己的专业及兴趣有关的信息提取出来。

②分清主次。把与自己有关的信息按重要程度排序，标明并注意留存，一般的信息则仅供参考。信息具有明显的时效性，谁赢得时间，谁就可能抢占主动权。

③深入了解。对于重要信息，毕业生要注意寻根究底，争取对该单位和职位有一个较为深入的认识。一方面要核实用人单位的性质、隶属关系、工作条件、发展前景、管理状况、地理环境等基本情况及有无进人权、主管部门的进人规定、户口要求等；另一方面要查实用人单位对求职者的要求。详细掌握这些材料，就能在随后进行的面试中处于主动，让主考官在面试时拿你当"自己人"，在情感上首先被接纳，这点对求职很重要。

④人职匹配。在信息选择中，要把握"适合自己的就是最好的"的原则，这一点应是筛选信息的核心。要结合自己的兴趣、爱好、能力等条件，决定自己能够适应和胜任的职业，不要好高骛远、人云亦云、迷失自我。不顾自己的专长，以待遇、地点作为首选原则的毕业生，即使侥幸在求职中取得"成功"，在未来的发展中也会逐渐暴露出自己的弱势，发展后劲也不足。

教师提示

> 处理就业信息时应把握以下原则：
> 掌握重点。将收集到的所有就业信息进行比较，初步筛选之后，把重点信息选出，标明并注意留存，一般信息则仅作参考。
> 适合自己。每个人的情况不一样，毕业生应选择适合自己的信息。
> 注意信息的时效性。搜集到就业信息后，应适时使用，以免过期。

2. 把握求职途径

好工作＝实力＋把握机会。"天将降大任于斯人也，必先苦其心志"，机会总是会有的，最重要的是，什么时候都不能放弃自己的目标。如果学历不行，就要加强自己的能力，公司也像人一样，每家公司都不一样，有的愿意接纳新人，有的则想找有相关工作经验的，所以不管最后你进了哪家公司，请珍惜你的工作，努力学好技术。也许你在这家公司的技术经验，就是你下一家梦寐以求的好公司的敲门砖。所以说，你学的每样东西都不是白学的，它们一定会随着年复一年、日复一日的积累，将你推向成功！

3. 规避求职风险

由于社会比较复杂，毕业生在求职过程中，一定要有安全防范意识，提高警惕。以下几点提示希望对大家的求职过程有所帮助。

（1）拒交各种名义的费用。任何招聘单位，以任何名义向求职者收取抵押金、服装费、产品押金、风险金、报名费等行为，都属非法行为。求职者遇到此类情况，要坚持拒交，以确保自己的合法权益不受侵害。

（2）不轻信许诺到外地上岗。对外地企业或在本地的分公司、分厂、办事处的高薪招聘，不论其待遇多么好，求职者千万要保持清醒的头脑和高度的警惕，不要轻信他的口头许诺：一是不去，二是调查了解清楚，并办理相关的手续，避免吃亏上当受骗。

（3）掌握劳动法规和相关政策。求职者在求职前或求职过程中，应主动学习一些劳动法规和相关政策，提高自己的求职素质和独立思考的能力。

（4）多种途径了解公司背景。在求职者正式进入单位之前，要想方设法加强对企业的了解以免误入骗子设下的陷阱。比如：注意招聘单位的营业执照等相关证件；正规单位招聘一般会将招聘地点设在单位的办公室、会议室或当地政府批准设立的人才交流中心，一些以租用房间作为应聘地点的单位要警惕。

（5）慎签劳动合同。与用人企业签合同时，求职者要"三看"：一看企业是否经过工商部门登记以及企业注册的有效期限，否则所签合同无效；二看合同字句是否准确、清楚、完整，不能用缩写、替代或含糊的文字表达；三看劳动合同是否有一些必备内容，包括劳动合同期限、工作内容、劳动保护和劳动条件、劳动报酬、社会保险和福利、劳动纪律、劳动合同终止的条件、违反劳动合同的责任等。必须签书面合同，试用期内也要签合同。

（6）发觉被骗，及时报案。求职者一旦发觉上当受骗，要及时向招聘单位所在地的人事局、劳动局监察大队或公安局派出所报案，寻求法律保护。但由于劳务诈骗往往涉及公安、工商、劳动、人事等部门，求职者应该根据情况选择最有效的投诉部门，若被投诉对象为合法机构，求职者可以找劳动部门；若求职受骗情况特别严重、诈骗金额大，可以到公安部门进行报案。

五、职业适应与发展

1. 角色认知与角色转换

（1）角色认知。角色认知是指一个人对自己应该在社会与组织中所处地位的认识。每个人都在心目中勾画着自己的形象，思考着自己应该在社会中承担何种角色，这些都是角色认知的表现。

一个人对自己所应承担角色的认知受两种因素的影响，一是客观地自我评价，二是个人的文化背景和家庭社会环境。我们常说，"人有自知之明"，这说明，人对自己的估计要客观、清晰，要正确分析自己的长处与短处，然后明确自己所应追求角色的方向。

（2）角色转换。人处在不同的社会地位，即扮演不同的社会角色。如在家里，是父母，是子女，是兄弟姐妹；在社会上，是朋友，是熟人；在工作上，是上司，是同事，是下属。通常一个人会经常变换自己的角色，比如说下班回家，就要从职业角色变换为家庭成员角色。这种经常性的由上级到下级、由领导到子女、由学生到老师、由主人到客人等变换即为角色转换。职业的变化，职务的升迁，家庭成员的增减等，都会产生新旧角色的转换。

2. 尽快成为合格职业人

毕业生如何尽快地从一名"学校人"转变为一名合格的"职业人"，即完成由学生角色向职业角色的转换呢？

第一，保持积极心态，尽快适应工作环境。进入一个新的工作场所，尤其是初入职场，环境发生了很大变化，加上所学专业知识在工作中可能用得很少，难免工作中会出现一些失误。你可能会受到委屈和不公正待遇，面对这种情况，要学会保持积极的心态，调整自己的情绪，积极投入工作，尽快适应工作环境才是解决问题的根本之道。

第二，清晰记住自己的社会角色，做好自己职业生涯规划。工作和生活是不同的，它们的目标、解决问题的方法和遵循的原则都不尽相同。应该把工作和生活分开，清晰地判断和快速地进行角色转换。同时按照工作角色要求自己，使自己的理想和企业长远发展目标有效的结合起来实现双赢，才能使自己在工作中积极性多一些、主动性大一些。不要给自己太多的借口，比如我是新手，出现错误是可以原谅之类的。

第三，做好自己的工作，不轻言跳槽。作为一无工作经验、二无工作技能的毕业生，要想尽快地进入职业角色，必须踏踏实实地工作，才能赢得领导和同事的关注。如果毕业生目光短浅、眼高手低，稍不如意就一走了之，受损失的不仅是用人单位，更是毕业生本人。一个在职场上养成"飘"的习惯，形成"飘"的心理的年轻人，很难有大的作为。很多学生刚参加工作，经常抱怨工作简单枯燥。诚然，有一定难度的工作能够激发人的工作热情，但是在企业中，很多一般的工作如果做不好，同样会给企业的发展带来危害。而且，当你连一般的工作都做不好，企业又怎敢把有难度的工作交给你去做呢？

3. 职业心理调适

面对就业，学生的心理是复杂多变的。在求职过程往往会遇到许多困难，甚至经过几次挫折才最终成功；在就业中遇到许多心理冲突、困惑，会产生一些不良情绪，出现种种心理矛盾、心理误区和心理障碍。一般的观点认为"学生就业期的心理问题主要有挫折心理、从众心理、嫉妒心理、羞怯心理、盲目攀比心理、自卑心理、依赖心理等"，以及其他心理如注重实惠、坐享其成、过分强调自我价值等等。就业本身就是我们认识和适应社会的一个过程，遇到就业问题时，要学会调节自己的心态，使自己能从容、冷静地面对就业这一人生重大课题，并做出正确、理智的选择。如果你遇到了就业心理困扰，可以试着从以下几个方面来调节：

（1）接受客观现实，调整就业期望值。就业市场化、自主择业给毕业生们带来了机遇与实惠，但同时也面临更加激烈的竞争。要顺利就业就必须首先根据自己的实际情况和就业形势，调整自己的就业期望值。调整就业期望值不是对单位没有选择，而是在择业时要看得长远一些，学会规划自己整个人生的职业生涯。在当前获得一个理想职业的时机还不成熟时，应采取"先就业，后择业，再创业"的办法，即可以先选择一个职业，不断提高自己的社会生存能力、增加工作经验，然后再凭借自己的努力，通过正当的职业流动，来逐步实现自我价值。

（2）充分认识职业价值，树立合理的职业价值观。在择业时不能只考虑工作的经济收入、工作条件、地点等因素，更要考虑职业对自我一生发展的影响与作用，应看重职业能否帮助实现自我价值。因此，要在考察社会需要的基础上，树立重自我职业发展、才能发挥、事业成功的职业价值观。对于那些虽然现在工作条件不怎么样，但发展空间大，能让自己充分发挥作用的单位要优先考虑；对于那些现在经济发展水平不太高，但发展潜力大，创业机会多的工作地点也要重视。建立适应当前市场经济发展、人才需求规律的合理的职业价值观，以指导自己正确择业。

（3）认识与接受职业，主动捕捉机遇。要知道自己喜欢什么样的职业、需要什么样的职业、自己的择业标准以及依自己目前的能力能干什么样的工作，这样才能知道什么样的工作更适合自己。要承认自己的现状，学会扬长避短。要用发展的观点来看待自己，要知道有些缺点并不可怕，可以先就业然后在工作岗位上不断发展自己。

学生就业中的机遇因素也是非常重要的，还要学会抓住属于自己的机遇，这样才能保证以后求职顺利。要抓住机遇首先必须要多收集有关的职业信息，多参加一些招聘会，并根据已定的择业标准进行选择。只有适合自己的才是最好的。最后要注意机遇的时效性，在发现就业机会时要主动出击，不能犹豫，也不要害怕失败，应有敢试敢闯的精神。

（4）坦然面对就业挫折，提高心理承受力。面对市场竞争、就业压力，毕业生们求职总会遇到许多困难、挫折甚至是委屈，如女学生找工作容易受到性别歧视等。面对这些问题仅抱怨是没有用的，更重要的是调整自我心态，提高自己对各种突发事件的心理承受能力。出现求职失败有许多原因。在就业市场化、需求形势不佳、就业竞争激烈的条件下，出现求职失败是在所难免的，不能期望自己每次求职都能成功。要对可能出现的求职挫折有充分的心理准备。同时，应把就业看做一个很好的认识社会、认识职业生活、适应社会的机会，应通过求职活动来发展自己，促进自我成熟。总之，要正确分析自己失败的原因，调整自己的求职策略，学会安慰自己，以便在下次的求职中获得成功。

（5）调整就业心态，促进人格完善。在求职时，自己或身边的同学出现一些不健康的心态是正常的，没有必要过度担心、害怕自己有心理障碍。当然对于这些不良心态也要学会主动调适，必要时还可以寻求有关心理专家的帮助。进行自我心理调适的方法有很多。首先，可以进行积极的自我心理暗示，鼓励自己、相信自己，帮助自己渡过难关。其次，可以向朋友、老师倾诉，寻求他们的安慰与支持。最后，还可以通过体育锻炼、听音乐、郊游等方式转移自己的注意力，排解心中的烦闷，放松自己的心情。可以通过对自己在就业时出现的种种不良心态的分析，发现自己平时不容易察觉的一些人格缺陷。应该说这些人格缺陷是产生这种就业心理问题的根本原因，如果现在没有很好地完善自己的人格，那么这些问题还会在今后的工作、生活中带来困扰。也不必为自己所存在的人格缺陷而懊恼，因为很少有人是绝对的人格健全的，关键是要在发现自己问题的基础上，积极改变自己、发展自己，使自己的人格更加成熟，使自己将来的人生道路更平坦。

（6）开拓进取，勇于创业。学生是有理想、有抱负、有创新精神、敢做敢为的群体。因此学生要有自主创业的打算，这既可以在毕业后马上实现，也可以通过一定的社会积累后再实行。学生们一定要有开拓自己事业的信心与勇气。学生创业关键是要在观念与思路上要准确，要对自己有一个合理的规划与定位，要与有市场经验的人合作，要摆脱学生公司的意识，要进行科学化、职业化的管理。

拓 展 阅 读

一、形象沟通的"55387"定律

根据西方学者总结得出了形象沟通的"55387"定律：决定一个人的第一印象中55%体现在外表、穿着、打扮，38%在于肢体语言及语气，而谈话内容只占到7%。可见注重第一印象，注重我们的外表形象对于我们个人的事业发展和生活来说是多么的重要。

形象并不仅仅局限于适合个人特点的发型、化妆和服饰，也包括内在性格的外在表现，如气质、举止、谈吐、生活习惯等等。随着社会的日益现代化，人们的生活质量也在不断提高，越来越多的人开始认识到，真正的形象美在于充分地展示自己的个性。创造一个属于自己的、有特色的个人整体形象才是更高的境界。

最近，美国有关部门对成功职业人士进行了一项统计调查，所发现的情况很能说明问题：在竞争激烈的职场里，由于个人出色的技术和专业水平带来的成功只占15%，而另外85%的成功人士，并不是他们比别人更聪明，也不是他们的工作比别人更辛苦，同时也不是他们毕业的学校比别人的更有名望，而是他们在职场上的个人职业形象赢得了人们的信任、尊重，从而为他们和员工之间、同事之间、上下级之间和客户之间逐步建立起来了一种相互信任、相互尊重的关系，这个职场上的关系最后为他们赢得了事业的成功。

英国著名的形象公司CMB对300名世界著名金融公司的决策人的调查则表明，在公司中地位越高的人，越强调形象的重要，因而也就越注重形象的塑造与管理，并且他们也越愿意雇佣和提拔那些有出色外表和能向客户展示出良好形象的人。

从事具体管理和人力资源管理的人一致认为：良好的形象比学历更重要。某保险公司人事部门主管在谈到形象在初次面试中的重要性时说道："这是至关重要的。我们的职员代表着公司的形象，职员的形象反映着我们的产品质量。"当被问到什么是他们认为可信的形象时，他回答："能展示出自信、可靠，知道自己在干什么，外表整洁，举止合乎身份。"在他们看来，所谓优秀的职员形象至少应具备以下条件：一是沟通交流、公众演讲、流利的口才、出色的文笔；二是出色的外表形象，主要包括穿衣、修饰、个人卫生、发式、指甲、形体、礼仪等。

随着社会的发展，人类文明的进步，个人形象设计已经成为人们生活中不可或缺的组成部分。个人形象设计，缩短了大家摸索的时间，提升穿衣品味与素质，让人人都像走在巴黎街头的男女，充满魅力和自信。借由"外在"转动"内在"，启发生命活力，这些都是透过服装与态度可以办到的事。

在仪表方面我们应该注重些什么呢？

（1）头发：头发最能表现出一个人的精神状态，职业人士的头发需要精心的梳洗和处理，留意是否有头皮屑、是否过于蓬松。男性一般剪短发，女性不要烫头发，要盘发髻。一般情况下不染发。

（2）眉毛：自然大方，不过分修饰。

（3）耳朵：耳朵内郭清洗干净、耳洞要清洁。

（4）眼睛：眼屎绝不可以留在眼角上。

（5）鼻毛：鼻毛不能露出鼻孔。

（6）嘴巴：口红的颜色要适当，不可浓妆艳抹。牙齿要干净，口中不可留有异味，中餐或是晚餐后要接待客户，不要吃味道太重的食物，如桂林米粉、咸鱼、榴莲等，就餐后要漱口和剔牙。女性留意口红有没有沾到牙齿上，要及时补妆，不要在接待前台照镜子补装。

（7）胡子：胡子要刮干净。

（8）手部：指甲要修剪整齐，死皮要及时清理。双手保持清洁。女性不可涂过于鲜艳的指甲油或在指甲上画图案。

（9）西装：西装给人一种庄重的感觉，工作场合的西装颜色以深色为主，西装的第一纽扣需要扣住；上衣口袋不要插着笔，两侧口袋最好不要放东西，特别是容易鼓起来的东西如香烟和打火机等。记住西装需要及时熨整齐。

（10）衬衫领带：工作场合的衬衫以白色或其他浅色为主，衬衫要及时更换，注意袖口及领口是否有污垢，衬衫、领带和西装需要协调。

衬衫领子、衬衫袖子应比西装领子、西装袖子长出一厘米左右，这既体现出着装的层次，又能保持西装领口和袖口的清洁。

当衬衫搭配领带穿着时（不论配穿西装与否），必须将领口纽、袖口纽和袖叉纽全部扣上，以显男士刚性的力度。

配穿西装时，衬衫的下摆忌穿在裤腰之外，这样会给人不伦不类，不够品位的感觉；反之，则会使人显得更精神抖擞、充满自信。衬衫领子的大小，以塞进一个手指的松量为宜。脖子细长者尤忌领口太大，否则会给人羸弱之感。

（11）鞋袜：鞋袜须搭配平衡，两者都不要太华丽，女性的鞋子不能露出脚趾和脚跟，要穿深色袜子，女性要留意丝袜的颜色和厚度，留意丝袜有没有被刮破或抽丝，不要穿网状丝袜。鞋子上不小心粘上的泥土要及时清理。

（12）香水：选择柔和、不刺激的香水。建议经常使用。

二、精心准备，注重面试中的每一个细节

曾有一名求职者前往一所大学应聘。面试时，这名求职者打上了领带，穿上了西装。面试过程很顺利，求职者过硬的专业知识让招聘老师欣赏不已。

在决定是否录用这名求职者的过程中，却有一位老师提出了异议："你们注意到没有？这个面试者穿了一双旅游鞋。一方面，如此装扮很不得体；另一方面，也说明此人很有个性，也许比较难管理。"但由于学校急需用人，大家没有在意这个细节。几天后，这名求职者到学校正式上班了。

接下来的事情让人感到意外。人们发现，当初那位老师的话被逐一验证：上班后，此人不拘小节，衣着随意。更要命的是，他个性十足，很难听进别人的意见。领导找他谈过几次话，但收效甚微。日子久了，他成了学校有名的"刺儿头"。

看来，面试时，穿衣打扮是颇有讲究的，越是细微处越能体现一个人的真实秉性。面试虽然不是选美，但是如果你衣冠不整、吊儿郎当，面试也不会成功。

三、细化你的特点，彰显你的长处

案例一

有一位毕业生应聘某一企业，该企业以劳动强度大而著称。但由于该企业实力雄厚且薪资待遇非常好，所以受到毕业生们的热烈追捧，招聘现场应聘者众多。当面试进行到第二轮时，该毕业生不幸被淘汰出局。这位毕业生不甘心就这样中途离场。于是，请求主考官再给他一次机会。他是这样说的："我这个人最大的特点就是特别能吃苦，我的整个学生生活就是吃苦过来的。我每天八点开始学习，晚上一直坚持学习到十一二点，四年如一日。我的学习成绩非常好，在班级名列前茅。我相信贵公司一定欣赏我这一点，而凭借这种吃苦精神我也一定会给贵公司有所贡献。"结果怎样呢？主考官被感动了，破例让他进入下一轮。

细化自己的特点，其目的就在于彰显你的长处，并期望由此引发用人单位及招聘官的注目，帮助你脱颖而出。

案例二

有一家公司招聘采购员，工作任务是为这家公司采购物品。招聘者经过一番测试后留下了三个人参加下一轮面试，准备从中录用一人。面试的最后一道题目是：假定公司派你到某厂采购2 000支铅笔，你需要从公司领取多少钱？

第一名应聘者回答说需要120美元。主考官问他是怎样计算的。他说，采购

2 000 支铅笔可能要 100 美元，其他费用就算 20 美元吧。主考官笑了笑，不置可否。

第二名应聘者的答案是 110 美元。主考官问他如何得出的这个数字。他解释说，2 000 支铅笔需要 100 美元左右。主考官还是没有表态。

最后轮到卡内基，他的答案是 113.86 美元。主考官问他为什么还有零有整，卡内基分析道：每支铅笔 5 美分，2 000 支铅笔是 100 美元，从工厂到汽车站为半英里，请搬运工人需用 1.5 美元，还有……因此，总费用为 113.86 美元。

不用说，卡内基被录用了。因为卡内基有着其他竞争者不具有的精明。

案例三

一位会计专业的女生参加某单位的面试，在面试结束后，她递给主考官两块钱并请求主考官："不管录用与否，请给我打电话。"

主考官说："如果你没被录用，我打电话，你想知道什么吗？"

女生说："请告诉我，我什么地方没有达到你们的要求，我在哪方面不够好，我好改进。"

"那两块钱是怎么回事？"

"给没被录用的人打电话不属于公司的正常开支，所以由我来付电话费，请您一定打。"女生说。

主考官笑了，对女生说："请你把两块钱收回去，我不会打电话了，我现在就通知你，你被录用了。"

两块钱折射出这位女生良好的个人素质和积极进取精神，同时也是对她独特风格的最好反映。

四、以积极的态度做平凡小事

为了募捐，某学校准备排练一部短话剧，这部话剧的名字叫《圣诞前夜》。告示一贴出，一个小女孩便报了名。很幸运，她被选中了。然而小女孩一点也高兴不起来，因为剧中有四个人物：爸爸、妈妈、女儿和儿子，她一个也没捞到演，而是被指派演一条名叫"危险"的狗。

小女孩沮丧地回到家，眼泪汪汪地对家人说："他们让我演狗！我决定退出。"小女孩的父亲和她谈了很久，至于说了什么，两人都不肯透露。但是小女孩没有退出。从此以后，小女孩积极参加排练，并且非常投入，甚至还买了一副护膝，说这样她在舞台上爬时，膝盖就不会疼了。

终于等到了演出。先出场的是"爸爸"，他在舞台正中的摇椅上坐下，召集家人讨论圣诞节的意义。接着"妈妈"出场，面对观众坐下。然后是"女儿"

和"儿子"分别跪在了"爸爸"两侧的地板上，在这一家人的讨论中，小女孩穿着一套黄色的、毛茸茸的狗道具，手脚并用地爬进场。然而，这可不是简单地爬，"危险"蹦蹦跳跳、摇头摆尾地跑进客厅，她先在小地毯上伸了一个懒腰，然后才在壁炉前躺下来，开始"呼呼大睡"。一连串的动作，惟妙惟肖。很多观众都注意到了，四周传来轻轻的笑声。接下来，剧中的"爸爸"开始给全家讲圣诞节的故事。他刚说道："圣诞节，万籁俱寂，就连老鼠……""危险"突然从睡梦中惊醒，机警地四下张望，仿佛在说："老鼠！哪有老鼠？"神情和狗一模一样。"爸爸"接着讲："突然，轻微的响声从屋顶传来……"昏昏欲睡的"危险"又一次惊醒，好像察觉到异样，仰视屋顶，喉咙里发出呜呜的低吼。太逼真了！观众的心思已不在意主角们的对白，几百双眼睛全盯着小女孩。因为"危险"的位置靠后，其他演员又是面向观众坐着，所以观众可以看见小女孩，其他演员却看不到她的一举一动，他们的对话还在继续，小女孩幽默精湛的表演也没有间断，台下的笑声更是此起彼伏。

那晚，小女孩的角色没有一句台词，却抢了整场戏。问及原因，小女孩说，让她改变态度的是她爸爸的一句话："如果你用演主角的态度去演一只狗，狗也会成为主角。"小女孩用演主角的态度全力以赴表现自己的才能，终于赢得了人们的掌声。

五、求职简历意义重大

毕业生小王与宿舍的几个同学同时参加了学校的招聘会，之前几个人都精心设计了各自的简历。小李将简历装扮得古朴典雅，内容丰富，很能突出学历史的专业性；小张将简历点缀得丰富多彩，封面上花红柳绿，正文的边角还加了美观的图案；小杨的简历更有个性，内容极其简略，都是用手写的，还是用的文言文，显得功力深厚。但是小王的简历内容很平实，只是将实习经历与实习心得写的较详细。

招聘会那天，几个人一大早就西装革履地装扮好了，还未到8点，小李、小张、小杨就奔向招聘会现场了。三人忙着投简历，与面试官面谈，为赢得面试官的好感，都使出了浑身解数。忙活了半天，却没有一家单位与他们签约。中午大家回到宿舍纷纷抱怨。小李嚷道："那几家公司也太不像话了，本公子的简历竟然看都不看，就直接扔到储备箱里了，岂有此理！"小张更是气愤："有家公司说我的简历做得太花哨了，可以去应聘平面设计，这不是扯淡吗。"小杨更郁闷："别提了，人家看了我的简历说我太高深，不适合教书，让我直接去考古汉语的研究生，挖苦人不打腹稿，气死我了！"

小王听着音乐，一句也没抱怨。事后一问才知道，小王已与一家搞研究的单位签约了。小张反应最快，立即意识到小王的简历起了作用，因为小王本身不善于表达，如果简历不过关肯定会被淘汰。于是他急忙翻看小王的简历，但是并没有什么特别之处，只是发现小王将自己的实习经历写得很详细，什么调查过程、调查细节、各个环节应注意的问题等都写得很详细，像个简略的工作总结，挺专业的。这时，小王说话了："面试官和你现在的样子差不多，只盯着我的实习总结不放，其他内容根本不看，结果就被录用了，我几乎没说过几句话。"三人惊呆了，异口同声道："原来如此！"

小王简历平平，却把握住了简历的核心内容，使他如愿以偿。招聘方从他的简历中可以看出三点：小王参加过工作实践；工作态度认真；工作后懂得总结经验与方法。招聘单位不正是需要这样的人才吗？简历的分量虽小，但是威力强大，它是毕业生们走向职场的敲门砖。

求职简历是自己生活、学习、工作、经历、成绩的概括集锦。它的主要任务是争取让接受方和求职者进行联系，主要目的就是争取到面试的机会。据相关调查发现，招聘者平均在每份简历上只花费 1.4 分钟。每次招聘会结束，都会有大堆式样各异的求职简历被无情地扔进垃圾筒。有的求职者对自己的简历过于包装，也有的简历千篇一律，这些也很容易被应聘单位拒之门外。如何让自己的简历脱颖而出，顺利进入面试阶段，求职者必须合理掌握简历的标准——简而有"力"，字字有声。

第一，以优良的人品感动人。是否具有特殊的经历、优秀的人格品质及良好的性格，已经成为当今许多用人单位在录用人员时要考虑的一项重要条件和内容。求职者如果能在这方面进行挖掘，做些文章，无疑会给自己增添一些优势。

第二，以明显的优势说服人。俗话说："不怕不识货，就怕货比货。"对于那些在校期间成绩特别优异和能力出众的求职者，在写求职简历时，要善于突出和反映自己的优势，优点尽可能具体化。如写"成绩优异"就不如写"成绩排在年级或专业的第几名，通过了国家××考试，被评为校三好生"等，这样写更具有分量。

第三，以独特的见解征服人。求职者在写求职简历时，如果能够自然地写出对一些与自己相关问题的认识和看法，也可让用人单位对自己认识事物的能力和水平有所了解。

第四，以出众的特长吸引人。用人单位都希望被录用者具备一定与所聘岗位相符的特长才能，因此，在写求职简历时，一定要根据应聘岗位突出自己的特长。如应聘的是行政、人事管理类的岗位，简历中可突出自己在计算机应用、沟通、协调、组织等方面的能力。营销类职位时则要突出自己的策划、社会活动、创新和表达能力等。

六、求职信的撰写技巧及注意点

求职信又称自荐信，是求职者以书面形式向用人单位提出求职请求的文函，是有目的的针对不同用人单位的一种书面自我介绍，是求职者向用人单位表达自己求职意向的一种方式。其意义在于帮助求职者推销自己，概括求职者的能力、想要什么、能做什么等等。

求职信不同于个人简历，但一般与简历同时递交。它不是介绍自己的一般情况，而是说明自己如何在用人单位工作，以及自己具备了怎样的条件符合应聘岗位的需要。因此，求职信最重要的是具有针对性，能根据用人单位的特点，以满足他们的需求来打动他们。这就需要在写求职信前要了解招聘单位的情况以及对人才条件的要求。

应该说求职信没有什么统一的格式和现成的规定，重在内容真实，特色鲜明，措辞得当，简明扼要。一般应针对求职者自身的情况和用人单位的具体要求来撰写。首先，正确称呼用人单位，介绍自己从何处获得对该单位的就业信息，写清楚自己的姓名、性别、出生年月、学历、毕业学校及专业等个人的基本情况；其次，结合专业和特长说明求职的愿望动机，说明自己所要竞聘职业岗位的理由和今后的目标，这应为全文的核心和重点部分；最后，结尾要强调希望和用人单位招聘主管人员见面的愿望，并致谢。同时应附个人简历，写明本人的联系方式和详细通信地址。

写求职信的主要注意事项有：要有一个新颖、出其不意的开头，这样容易引起对方的注意和兴趣，达到先入为主的良好效果；求职信的内容应特色鲜明，内容精练，直奔主题，切忌太短或太长，500～600字为宜；内容务必真实，既不过于谦虚，也不要过于夸大，应客观真实地反映自己的长处和才能和对用人单位的真情实感；求职信最好自己手写，字迹工整，杜绝错别字。给人一种亲切、实在的感觉。一些附件可用打印或复印，也应尽量设计得美观、大方一点。

七、求职信样例

××公司人力资源部主管：

您好！

我叫×××，首先感谢您在百忙之中阅读我的求职材料！

昨天我在《晨报》上看到了贵公司招聘网络工程技术人员的广告，我自信具备广告中所要求的任职资格与条件。

在××学校计算机应用专业学习期间，我系统学习了 C＋＋程序设计、数据结构、数据库原理与应用、操作系统原理、大型数据库应用、微机原理与接口技术、计算机网络通讯技术、多媒体技术、网页设计与制作、电子商务等课程。

寒暑假及实习期间曾在××学校帮助进行网页设计；帮助××相关企业建立了财务管理数据库；在××公司网络技术部实习2个月，进行网络调试工作。

在社会实践与实习期间，网络运用、网页设计、大型数据库应用方面的能力有了长足的提升，还培养了良好的交往能力与协调合作能力。上述实习单位给予了较好的评价（见附件）。

在校期间，我担任了学生会学习部部长，班级团支部书记，这些使我在组织能力、协作能力和办事能力等方面得到锻炼。

鉴于上述情况，我期望能有机会到贵公司面谈，面谈时间由您安排。我的手机号码是××××××××××。

自荐人：×××

×××年×月×日

附上简历一份、实习单位评价表复印件三份

八、发送简历及求职信的方式

1. 登门直接递交
2. 邮寄个人资料
3. 用 E – mail 发送
4. 用电话自荐
5. 请亲朋好友递交

无论哪种方式发送，一定要遵守招聘单位的规定并在规定的时间之内送到。

九、面试应当精心准备

面试是找工作时最重要的环节。有些毕业生比较幸运，经过一次面试就找到了理想的工作；也有些人经历过多次面试，至今也没有找到理想的工作。为什么他们的面试之路如此"坎坷"呢？

某同学听说一家公司招聘就去面试了，见到考官他竟然说："你们公司是做什么的啊？都招聘什么职位？"考官有点惊讶地反问："你不知道我们公司的业务就来应聘了吗？那你应聘什么职位？"这位同学老实地说："我听同学说你们公司招聘就来了，你看有适合我的职位吗？"那位考官还算不错，看了他填写的简历决定给他一次机会，就说，请你用一分钟自我介绍一下。可是该同学的表现实在很令人失望，说话没中心，显得逻辑混乱。考官以为他很紧张忘记了自己要说什么，就提示性的问了他几个问题，他给的答案也很简单，并且不能充分说明理由，也没能充分表达自己的观点和看法。考官最后只能无奈地摇了摇头，让他以后尽可能的准备充分些再去面试。

面试中也要不打无准备之仗。要想在用人单位心目中占据一个理想位置，就必须了解用人单位的需求与偏好，即了解他们在想什么，什么对他们来说最重要，他们需要什么样的人。

同时，清楚明白地表达自己，说明自己。要让用人单位觉得，你不仅拥有他们所期望、所需要的外在品质，同时也具有他们所期望、所欣赏的内在品质。

十、不良习惯和修养导致面试失败

某公司一位负责招聘的经理曾经遇到过这样一件事：一个男生来应聘业务员，说起话来手舞足蹈。这位经理一直在一旁默默地听着，而这位男生还不知道自己已离题万里。要不是这位男生的手机响了，还不知道他会说到什么时候。

这位男生当着经理的面接听了电话，然后回到座位上问："请问你在公司里是做什么的？你打算聘用我吗？"

经理对这位男生的行为本来已经很反感了，现在连自己的职位都被问及，真是无奈，只好压着火气说："我们再考虑考虑，你回去等消息吧。"

一般考官说等消息也不过是委婉的拒绝，谁知该男生却很不知趣地补充说："如果你们公司录用我，我希望我的年薪至少在五万以上。"经理当然感觉他的话很可笑，于是只好对他说："我还是现在告诉你面试结果吧，你可以准备其他公司的面试了。"

不要在面试时接听手机，不要询问面试官的职位，更不要急于追问面试的结果。不良的习惯及修养会让你在面试中碰壁。

十一、五十个经典面试问答

需事先准备的问题：

（1）介绍一下你自己——你需要事先准备好一段陈述，注意别让人发觉你事先排练过。你可以谈谈与职位相关的、做过的事情或职业。

（2）你对我们公司有什么了解——你在面试前就要了解你应聘的公司，知道它目前的情况以及未来趋势等。

（3）你为什么要为我们工作——在这个问题上，诚实至关重要，而且你是否诚实很容易被面试官察觉。你可以谈谈长期职业规划。

（4）你的同事（学）如何评价你——你要准备一两个同事（学）的评价。你跟面试官说："我的同事（学）××，总说我是她见过的最勤奋的人"。

（5）最近一年，你做了哪些事情来提高自己——回答尽量与面试职位相关。自我完善的范围很广，你要事先准备一些例子。

（6）你对公司的价值——这是你强调自己长处的机会，当然，这些长处要跟面试职位相关，应事先准备和思考这个问题。

（7）说一个你曾经提过的建议——事先准备一个好的建议，它要被采纳并获得成功。如果该建议与面试的工作相关，会大大加分。

（8）谈谈你在压力下工作的能力——你可以说你曾经在各种压力下获得了成功，提供一个与面试职位相关的例子。

（9）你有什么问题要问——准备好几个问题，比如"我会被公司安排在哪里"、"什么时候我可以开始为公司效劳"。

这些问题有陷阱：

（10）你希望薪水是多少——重量级问题！如果你先回答，有可能就输了，所以，不要回答。你可以说："这个问题太难回答了"、"你能告诉我薪水范围吗"，大部分情况下，面试官会卸下面具，告诉你答案。如果没有，那可能与具体职位相关，他们会给你一个范围。

（11）你是否辞退过别人——严肃问题！不要轻视辞退问题，也不要让面试官感觉你喜欢辞退人。你该说，只有认为辞退别人是正确、应该做的事情时，才会这样做。如果前提是公司利益和个人利益冲突，你是保护公司利益才这么做的。注意，辞退和临时解雇、裁员是不同的。

（12）你对同事哪些行为无法容忍——圈套问题！努力思考，然后回答同事没有什么行为让你无法容忍。简短地表达自己好像跟人相处得都很好，是很好的回答。

（13）谈谈你与领导之间存在的问题——最大陷阱！这是测试你是否会说领导坏话。如果你讲了你与前领导存在的问题，面试可能马上就砸了。

（14）你是否有盲点——狡诈问题！如果你知道自己的盲点，那就不叫盲点。不要泄露任何个人的信息，让面试官自己寻找你的缺点，不要告诉他们。

需诚实回答的问题：

（15）你希望自己在团队中处于什么位置——诚实回答。如果你觉得各种位置都可以，说明这点。

（16）你有没有应聘其他公司——诚实回答，但不要在这方面停留太长时间。话题集中在你应聘的工作、你可以为此工作做些什么，此外的内容会分散你的注意力。

（17）如果现在有足够的钱，你会退休吗——如果你会的话，回答是。不过，既然你需要工作，它就是你想做的，如果你不想退休，无需刻意说是。

（18）你是否被要求离职过——如果没有，说没有。如果有，诚实简要地回答，不要批评相关的人和公司。

（19）什么能促使你在工作中有最佳发挥——这个问题因人而异，只有你自己可以回答。好的回答有"挑战"、"成就"。

（20）你是否愿意加班——诚实回答。

（21）如果需要，你是否愿意搬家——如果有这种可能性，你需要在面试前与家人达成一致。如果不愿意，不要为了得到工作说谎，以免后悔。

这些问题只能这样回答：

（22）为什么要聘用你——说明你的优势可能满足公司的需求。记住，别跟其他竞争者作比较。

（23）你是否有这个行业的工作经验——回答尽量与面试职业密切相关。如果没有相关经验，尽量往这方面靠。

（24）你是否认为你的能力超过了职位要求——不论你的能力如何，回答"我非常适合这个职位"。

（25）你为什么离开前一份工作——无论是什么原因离开，千万不要批评前公司、前上司和前同事，这会让你看起来很糟！保持正面、积极的回答，微笑着谈论离职原因，比如你"想寻找做特别的事情的机会"。

（26）你的技能更适合这份工作还是其他——"这个工作！"不要让面试官怀疑你更想要另一份工作。

（27）你是否愿意把公司利益放在个人利益之上——这是考察忠诚度和奉献精神的直接问题。不要过多考虑伦理道德，说"愿意"。

（28）你认为自己成功吗——永远都要说"是"，并简要解释，比如你设定了一些目标，已经达到一些，目前正努力达成剩下的目标。

（29）你是否认识我们公司的人——注意该公司关于亲属、朋友共同工作的规定。除非你充分考虑过，否则不要提你的亲朋。

（30）你有团队合作精神吗——当然说"有"。准备好例子，详细描述你总是为团队而不是为个人着想，这能很好证明你的团队精神。别吹牛，用陈述事实的语调讲述，这是关键。

（31）你的工作哲学是什么——面试官不想听论文。"你是否有强烈的意愿要把工作完成？""是的。"这样回答最合适不过，简短、积极，对公司有益。

（32）金钱和工作，哪个对你更重要——"金钱很重要，但是工作才是最重要的。"没有比这更好的回答。

（33）工作中什么事会让你失望——不要谈琐碎的事，不要持负面态度。安全的回答很少，比如"没有挑战"。

这些问题最好这样回答：

（34）你怎么知道自己在事业上是成功的——好的回答很多，比如你为自己设立高标准并达到了标准；你做出的结果是成功的；老板告诉你"你是成功的"。

（35）你从工作错误中学到什么——这个问题你必须回答，否则面试官会怀疑你的诚实。说一个微小、善意、最后让你有积极收获的错误。

（36）如果你负责招聘这个职位，你希望招什么样的人——注意，要提到这个职位的需要，而你是拥有这种特质的人。

（37）你会怎样弥补你的经验不足——首先，如果你有面试官不知道的经验，告诉他们。然后说说你的勤奋和学习能力。

（38）你希望老板具有什么样的特质——保持中立和积极的态度。安全的回答是"知识渊博，有幽默感，公平，对下属坦诚，高要求"——所有老板都认为自己有这些特质。

（39）谈谈你如何帮助他人解决争端——举例子，重点描述你的解决技巧，而不是争端本身。

（40）描述你的工作原则——强调公司利益。好的回答包括完成工作的决心、努力工作并享受工作。

（41）你在工作中最失望的是什么——确认你回答的内容是你无法控制的，表现出接受的态度，不要有负面情绪。

（42）描述你工作中最大的快乐——描述为公司完成某项工作而得到的快乐。

（43）为什么你认为自己能胜任这个工作——陈述多个理由，包括技能、经验和兴趣爱好。

（44）你最大的优点是什么——只要保持积极的态度，很多回答都很棒。比如：区分优先次序、解决问题、压力下工作和集中精力完成任务的能力等等。

这些问题不能问：

（45）你们公司是干什么的——这问题，你在 1980 年问合适，那时没有互联网。今天对你要面试的公司做点研究是跨进它的大门的必修课。

（46）我多快能转另一个职位——问这个问题，你第一轮就会出局。如果你喜欢这个职位，尽量争取。如果它真的不适合你，就等正确时机再提。几乎每个雇主都会让你在一个职位干上至少一年。

（47）你还提供其他职位吗——如果你真的是大材小用了，最好用婉转方式问："这个工作听起来很有趣，但是坦白说，我上一份工作职位和报酬要比你这一份高，你能帮我更好地进入现在的角色吗？"

（48）什么时候能涨工资——没得到工作前，最好在第二轮面试时这样问："贵公司是否根据员工表现来协商工资？"

（49）如果你雇了我，我能等一段时间（3 周以上）再来上班吗——雇主一般会给你 2 周来处理相关事宜。如果你没有工作，他们更喜欢你立即上班，除非你有非常好的理由。

（50）公司会作背景调查吗——面试官听到这个问题，会觉得你在掩盖什么。

十二、掌握正确的求职方法——让你事半功倍

网上求职相对人才交流会有更多的面试机会，且不受时间、地域等条件的约

束，不但可以增加成功求职机会，还可以增加自己的信心。

但是，很多求职者网上发了很多简历没有回应，以为网上求职太渺茫或认为自己没有竞争力，只好降低要求，天天逛人才市场，甚至主动到一些职业中介机构花钱办理所谓的"包成功服务"。其结果呢，成功率与可信度远不如网上，这样下来不要说中介费了，每天的往返求职车费就是一笔不小的数目，而且还浪费了大量的时间，实为可惜！

据专家统计，网络求职的平均成功率一般是发 200 份简历，有 8 份面试，2 份成功，而在这 2 份中还有一份是你不想去的，可能只有一份是你相对满意的工作。也就是说网上求职的成功率关键就是简历投递的次数（当然也有碰巧的时候，发出一份应聘简历刚好被企业看中，而且自己也能接受）。所以网络求职的同学千万不要对自己找工作失去信心。

实事上，以上总结的简历投递次数与成功几率的比例完全可以缩小。我们可以通过以下技巧更快捷操作网上求职：

（1）注册会员后要及时填写个人简历，部分求职者会有这样一个认识，以为注册了会员就可以在网上求职。于是在注册成功后就迫不及待的查找相关信息，接着就会发现自己的意图被网络操作系统功能拒之门外，以至于最终放弃了网上求职的机会。其实，求职者注册个人会员只是网上求职的程序之一，在注册完成后还要及时填写个人简历表，填写完个人简历表后才能正式进入求职系统页面。

（2）认真完整的填写个人简历表。简历表的填写一定要全面完整。一份完整有个性的简历是网上求职成功率的保障。另外，简历表不要一成不变，要有针对性的调整简历表的相关内容。比如，我们通常有多个具体岗位目标，当我们应聘岗位 A 时就应该把简历调整成符合岗位 A 或与岗位 A 相对应的简历内容。所以，必要时我们有可能需重建三份、四份、五份甚至更多的简历，从而让我们的应聘更精准。

（3）经常刷新网络求职简历。当人事经理搜索人才时，符合条件的简历是按刷新的时间顺序排列的，他们一般只会看前面一两页。很多求职者其实并不知道刷新简历可以获得更多求职机会。因此每次登陆，最好都刷新简历，刷新以后，就能排在前面，更容易被负责招聘的人事经理找到。

（4）网络求职者不要只应聘最近三天招聘的职位。一般求职者认为刚刚发布的最新招聘信息肯定是成功率最大的，其实不然。因为很多企业人事经理没有及时登陆刷新刊登的职位，所以求职者在搜索职位时刚刷新的职位会排在前面，这些职位应聘的人多，竞争大，相反，一些招聘职位已经是半个月甚至两个月的，应聘的人少，成功率反而高。

（5）让你的应聘邮件永远在招聘公司的最前面。你要知道每天人事经理看求职者邮件，他们其实是很懒的，100 多页简历邮件他们最多只看前 5 页。你现在应该知道为什么你的求职简历永远没有回应。所以发邮件到企业指定的邮箱时，怎样才能让你的邮件永远排在最前面，让人事经理每次打开邮箱都首先看到你的邮件？只要在发邮件前，把电脑系统的日期改为一个将来的日期，因为大多邮箱都是默认把邮件按日期排序，所以你的邮件起码要到那个"将来的日期"以后才会被排在后面！

（6）新颖的应聘邮件标题打动招聘经理。人事经理每天收到大量的求职电子邮件，求职者一般会按企业要求把邮件题目写成"应聘××职位"，怎样才能吸引人事经理的眼球，让他先打开自己的邮件？可以在邮件题目上做文章。人事经理一天要收到几百封邮件，只有标题新颖的才有机会被打开。

一个女生发了100多封邮件求职都没有任何反应，因为应聘做文员的太多了，由于她做过空姐，最后她将邮件标题改为"空姐来广州找工作"，引得绝大部分男人事经理想入非非，结果3天之内有30多个男人事经理通知她面试，3个月找不到工作的她而变成3天找到上十份工作。你现在知道应聘邮件标题在网络求职工作中的重要性了吧。

（7）网络求职的应聘简历最好放靓照。对于人事经理来说，每天需要浏览大量简历，在同等的条件下，一般会先通知有照片的求职者来面试。因为通过照片，人事经理对应聘者又多了几分了解。对于一般职位如文职人员之类，中国人的传统还是以貌取人，你即使不漂亮，也照一个艺术照，就增加了面试机会。

十三、进入职场后需要的五个转变

一是从情感导向到职业导向的转变。服从公司的总体安排；坚持做自己职责内的事；具有敬业精神；无论是升迁还是辞职都善始善终。这些都是衡量职业人的重要标准。

二是由思想意识到实际行动的转变。摆脱了感情的左右，有了职业人的基本认识，接下来的就是化思想为行动。企业最需要的是具有解决实际问题能力的人。所以在工作中少说多干；拿出解决问题的方案。想透，做到，才能做久。

三是从成长导向向绩效导向的转变。在学生时代，追求的主要是知识的增长，进入职场后，就得树立起绩效导向。因此，毕业生需要从领到第一份工资的那一刻，就要告诉自己精打细算，因为经济独立和承担家庭责任的时候到了。而更重要的是，企业需要能创造利润、帮助企业共同成长壮大的人。只有这样，自己才能和企业一起成长。

四是从剔除个人导向到树立团队意识的转变。一进入职场，就意味着"单打独斗"的日子基本结束，团结合作成为第一要义。学生时代，可能会为了保持好的成绩而不愿意和别人分享一个好的学习方法。进入企业后，只有学会与团队分享和合作，才能获得事半功倍的回报。

五是从兴趣导向到责任导向的转变。这一点尤其重要。大多数学生比较明显的特点是凭兴趣做事，比较注重自我的感受。进入社会后，就必须学会承担责任，为家庭，为公司，也为社会。

毕业生的个性品质在其求职和职场生涯中起着不同寻常的作用。良好的个性品质能增进招聘人员以及上司和同事的好感，为自己求职成功和事业发展赢得更多机会。比如诚实、开朗大方、委婉、幽默、老练。而下列个性品质则不利于职场成功：不尊重人、骄傲自满、自私自利、嫉妒心强、苛求于人、为人虚伪、报复心强、孤独固执、猜疑心重、过分自卑。

活 动 建 议

活动一 形象、礼仪伴我行主题班会

一、活动目的

通过本主题的活动，让同学们领会礼仪在求职就业中的重要性。

二、活动方案

（1）学生表演（包括歌谣、小品、朗诵）。
（2）学生讨论。
（3）教师点评。

活动二 模拟求职面试主题班会

一、活动目的

（1）了解求职面试要做什么准备。
（2）了解面试时需要的回答。
（3）了解面试后要注意的问题。

二、活动方案

（1）提前通知班级学生，让他们做好有关准备工作。
（2）设置模拟面试现场，邀请有关老师做面试官，让每个学生参与面试。
（3）面试后学生进行自我总结和老师点评。

【学习收获】

同学们，在学习"就业基本知识与技能"的内容后，你有什么收获，用几句话写下来。

【活动情况记录】

活动时间：

活动方式：

【效果评价】（教师填写）

【意见和建议】

主题四　自主创业　成就事业

　　中专毕业的王启志学的是财会专业。毕业后的 3 个多月里，小王都没有找到自己理想的工作。想想与其为别人打工，还不如自己做老板，于是小王决定自己创业。他从小在农村长大，熟悉农村环境，想到农村遍地都是草，又安静，搞养殖业应该是很好的。可搞什么养殖最有经济效益呢？经过调查，小王选择了兔子养殖。说干就干，小王买了养殖的设施——兔笼子、食槽、水槽，还有关于兔子养殖技术的书等。考虑到刚开始没有养殖经验，也不了解市场行情等，所以养殖规模并不大。可渐渐问题就出现了，小王开始觉得太累，白天打扫卫生，喂食、消毒、打疫苗、拌料等等，这还不算什么，但即便就这样精心照顾，还是有兔子死亡，虽然死亡的数量并不多，可让小王整天提心吊胆的，那是种心理的疲惫，而且，要三个月才见效益，就算见效益，由于养殖规模太小，盈利也不会很多。于是对兔子养殖的兴趣开始淡了，开始寻找见效更快、盈利更多、出力更少、更容易发展的项目。就这样，小王的第一次创业失败了。

　　也就是小王放弃肉兔养殖的第二年，肉兔价格开始飞涨，比当时的价格高出了两倍还多。

小王为什么会失败？

你认为一个合格的创业者应该具备什么样的素质？

基 本 知 识

一、创业者

　　在中国的历史上，从来没有像今天这样对创业如此的热衷，创业已成为时代的焦点，它改变了千百万人的命运，创业者创造的一个又一个的神话令后来者惊羡不已、跃跃欲试。对于许多未曾有过创业经历的人来说，这样一个全新的选择带给他的可能是鲜花、掌声、成功的喜悦，也可能是失败、孤独、一无所有。所以，在决定创业之前，创业者必须真实地审视自己，以判断自己是否适合创业，是否具备创业的条件即创业者应有的素质。

1. 创业者和创业意识

> ●创业家是这样的人：他能发现机会，筹集发掘机会所需要的资金和其他资源，并承担发掘中的有关风险。
>
> ——C·巴洛

广义而言，创业者就是指开创新的事业、并且创造新职位的人。狭义而言，创业者就是指开发出新产品或开创新式服务、开发应用新技术或新资源、用新方法来应用原有的技术或资源、为现有的产品或服务开拓新的市场、改善现有业务的人。

创业者是以创造财富和获取商业利润为目标的人，其行为与普通员工的工作有不同之处。把创业者和职业经理人对比，我们会发现创业者指一种开办或经营自己企业的人，他们既是员工，又是雇主，对经营企业的成功与失败负责。职业经理人通常不是他们所管理公司的所有者，而是被雇来管理公司日常运作的人。

创业意识是指一个人根据社会和个体发展的需要所引发的创业动机、创业意向或创业愿望。创业意识是人们从事创业活动的出发点与内驱力，是创业思维和创业行为的前提。需要和冲动构成创业意识的基本要素。创业意识是创业的先导，它构成了创业者的创业动力，正是创业意识激励着人以某种方式进行活动，向自己提出的目标前进，并力图达到和实现它。

> 比尔·盖茨创业时的梦想：让计算机进入家庭，并放在每一张桌子上。

创业意识是创业思维和创业活动的必要准备，因此，每一个希望创业的人都必须首先强化创业意识。一个合格的创业者应具备以下几方面的意识：

（1）创造梦想、发现机遇的意识。好的创业者应该是善于发现商机的人，但是什么样的人才能发现别人发现不了的机遇呢？是那些习惯于创造梦想的人。梦想会指引他们去寻找、捕捉机遇，并将机遇转化为恒久追求的事业。

（2）凝聚梦想、不懈追求的意识。创业者光有梦想还不够，还要能够把过去的梦想进行优选提炼，凝聚成为一生的热爱和追求。创业的道路是漫长而艰辛的，没有一种如热爱自己生命一样热爱事业的精神，是无论如何也坚持不下来的。

（3）学习新知、进取提升的意识。为了实现自己的梦想、追求自己热爱的事业，就必须勇于突破专业、职业、年龄、性别、环境等诸多条件的限制，有强烈的好奇心和求知欲，对凡是有益于自己事业的东西，都如饥似渴地学习，不断完善自己，永无止境。

（4）突破陈规、创新创造的意识。离开创新和创造，创业就是一句空话。如今的世界，信息瞬息万变、科学技术日新月异、消费者需求永无止境，唯有不停地创新创造，才能跟上时代的步伐，才能在异常激烈的竞争中站稳脚跟，脱颖而出。

（5）勇担责任、直面挑战的意识。创业者必须清醒地意识到，你是这个团队的领导人，应当对团队最终的结果负有全部责任。要勇于承担责任，只有这样，这个团队才有中流砥柱，员工才有主心骨，你才能赢得所有相关人员的尊重和信赖，才能使这个团队有凝聚力、战斗力、持久力。

（6）居安思危、自省自警的意识。创业是一种风险很大的社会实践活动，保持居安思危、自省自警的意识，是创业者永葆青春与活力的根本保证。

2. 创业者的基本素质

创业是一项巨大而复杂的工程，在这个工程中，创业者作为其中最关键、最具有能动性的因素，其能力和素质直接关系着创业活动的成败。素质既指人的生理上的先天特点，也指人的体质、品质、情感、知识等方面的综合能力。一个优秀的创业者应该具备以下几个方面的素质：

（1）知识素质。知识素质也就是人在知识方面的综合能力。对创业者而言，一般需要具备六个方面的知识：

第一，人文社会知识。这是我们为人处世的基础，也是正常思维交往的根基。它可以丰富我们的语言库，扩大我们的交往面，校正我们的思维方向，破解我们遭遇挫折时的心结。

第二，经营管理知识。这是具体运转开拓创业的基础。同样的一项事业，会经营与不会经营可能导致完全不同的结果；同样的起步规模，经过一段时间的运转，善于管理和不善管理造成的局面就完全不一样。

第三，公共关系知识。现代社会是讲究交往的社会，也是吸引眼球的社会，公共关系正是在这方面的实用知识。虽然不会公共关系者也可以通过自己的劳动积累来达到成功，但为时较慢，规模有限；懂得了公共关系，才会如虎添翼。

第四，专业知识。创业要选择自己擅长的行业，因为在这个行业，创业者往往具有丰富的专业知识。创业者一旦进入一个行业，就必须尽可能多地掌握这个行业的专门知识。只有对本行业的供需状况、市场前景以及专业知识、技能了然于胸，才能避免盲目性和投机性，争取最大的成功概率。在一个自己完全不了解的行业创业或者不具备所从事行业的专业知识，要想获得成功是不可想象的。

第五，资金及财务知识。创业者不一定精通财务知识，但需要对货币金融、信用及资金筹措、资金核算及记账、证券、财务会计等方面的知识有基本的了解。

（2）能力素质。能力素质指的是人在实际操作方面的综合能力。在知识与能力之间，知识是基础，能力则是对知识的运用或进一步的发展和创造，所以相对来说，能力显得更重要。总的说来，创业应具备四种能力：

第一，专业能力。专业能力是创业的前提能力，它是指企业中与经营方向密切相关的主要岗位或岗位群所要求的能力。主要指创办企业中主要职业岗位的必备从业能力；接受和理解与所办企业经营方向有关的新技术的能力；把环保、能源、质量、安全、经济、劳动等知识和法律、法规运用于行业实际的能力。

第二，方法能力。方法能力是指创业者在创业过程中所需要的工作方法，是创业的基础能力。创业者应具备的方法能力主要有信息的接受和处理能力；捕捉市场机遇的能力；分析与决策能力；联想、迁移和创造力；申办企业的能力；确定企业布局的能力；发现和使用人才的能力；理财能力；控制和调节能力。

第三，社会能力。社会能力是指创业过程中所需要的行为能力，与情商有许多共同之处，是创业成功的主要保证，是创业的核心能力。创业者具备的社会能力主要体现为人际交往能力、谈判能力、企业形象策划能力、合作能力、自我约束能力、适应变化和承受挫折的能力。

上述能力需要经过一段时间的实践才能真正获得，并且也只能在不断的实践中来加以提高、升华、永无止境。

（3）心理素质。心理素质既指人的内心活动和所显露出来的心态水平，也指人的头脑中对客观事物，包括感觉、知觉、记忆、思维和情绪等方面的综合脾性。创业者的心理素质简单地说就是四个要求，两个避免：

第一，具备独立性。创业成功者都是那些善于摆脱依赖性、努力实现自己独立性的人。真正的独立首先是思想上的独立。创业者必须要有自己的思想，凡是不适合自己的语言，不论是谁说的，也不管在理论上是否行得通，都只供参考，不去盲从。

第二，具备专注性。专注性是一种基于对某件事或某种职业的热爱而产生的一种全身心高度投入状态。专注性强者也许会丧失一些暂时的利益，但必然会从长远上收获更大、更长久的成功。现在凡是能成就出一番实事者，无一不是具备高度专注精神的人。

第三，具备求异性。求异的来源是人的不断增长的需要。创业的核心就是要发现人们的需要。只有具备求异的眼光，创业才能独辟蹊径。无论生产、经营还是服务业，经营的都是人们的品位，创造的都是人们的生活方式，提供给人们的都是永远新鲜的选择。

第四，具备坚韧性。坚韧性是创业者战胜挫折的武器。创业的道路绝不可能一帆风顺，局部甚至全盘失败在所难免。创业者一定要培养自己坚韧不拔的品格，要有长期奋战的思想准备，要有不屈不挠的顽强精神！这是成就大事业的一种时间成本。

除了具备四个要求外，创业者在心理素质方面还要求两个避免：

第一，避免从众心理。从众心理就是一味跟着别人学，看见他人干什么赚了钱，自己也去跟着干什么。这是经营创业中的最大忌讳。

第二，避免理想主义。有些人创业期望值太高，结果却是欲速则不达。世界上不管是事物的发展过程还是规模速度，凡事都有它自己的规律。我们只有调整自己的目标或行动，在规律允许的范围内行事，才有望成功。

二、创业准备

凡事预则立，预就是准备。有了充分的准备，才能干得出一番事业。对于初出茅庐的创业者来说，经验不足，缺乏社会关系是创业的最大障碍。中职学生要想创业，必须经历一个学生时代到职业时代的转变，突破经验不足的瓶颈显得尤为重要。

1. 创业的经验积累

对中职学生而言，积累创业经验一般有以下两种途径：

（1）就学期间通过学习、兼职等方式获得创业的初步经验。机遇总是垂青有准备的人，就有创业意向的中职学生来说，在校期间就应为以后的创业作一些初步的准备，积累一些必要的经验。一般来说，在一年级时，就应主动接受职业价值观方面的教育，开始了解自己的兴趣、特长和专业背景，为今后选择创业、确定职业目标奠定基础。二、三年级时通过参加社会实践和实习活动，对专业的社会需求和发展前景深入了解，根据实践中自我适应程度的反馈信息，反思和调整自己的职业取向，初步确定与自己能力相吻合的职业选择。要对个人的创业条件进行分析，准确定位。同时看自己是否具备未来的老板气质和心理素质，比如承担风险能力、创新能力、决策能力和领导能力。

此外，还应作好市场调查和分析，准确掌握市场信息，作好市场预测，建立经营思路，设计市场进入策略，对经营项目的投资、筹资、成本、收益等作出可信的测算，学会常用的财务管理知识。

温馨提示

> 不一定要在创业阶段开办自己的公司。为一家公司工作并学习他们如何做事，会令你受益匪浅，打好基础对我们非常重要。

（2）为一家公司工作。对刚出校门的学生而言，这是比较实用和受欢迎的创业经验积累方式，相比在学校积累创业经验而言，在一家公司工作更接近于实战，不失为一个积累经验的更好的选择。大部分成功的创业者创业前都有过为别人工作的经历，这种经历使他们对本行业的情况了然于胸，在处理复杂的人际关系时游刃有余，整合资源的能力大大提高并有可能积累到人生第一笔创业资金，这些构成了他们自身宝贵的职业财富。

> 大企业是培养管理者的摇篮，小公司是训练创业者的孵化器。

为别人工作从而积累经验是一种比较可行的积累经验的方式，但是，我们应该去哪些类型的公司工作呢？对于许多毕业生来说，进入一个大型企业或外资企业是一个不错的选择，因为这样的企业相对来说比较正规，各方面保障措施和制度比较健全。而就准备创业的学生而言，进入一个小公司或许能够得到更好的锻炼。小公司内部机构简单，要求员工必须一人多能，并且老板会在最短的时间内让你尽快上手，这样就能使你迅速熟悉商业各个环节的状况并有机会亲自实践，简而言之，如果你抱着学习的态度，在小公司里工作一年，将会补充和完善许多社会经验和商业经验，如果有机会，再进入大型商业机构进行宏观及系统方面的学习和尝试，为将来实现个人的独立创业打下一个良好的基础。

2. 创业的市场调查和预测

（1）市场调查的作用。理智地选择并锁定好具体的行业目标是创业的第一步。作出决定并不困难，但要选择正确却不大容易。市场调查的作用是通过调查描述当前市场环境与行业状况、顾客需求与目标市场状况、竞争对手及自我经营状况等；根据描述分析行业、市场、顾客、自身经营与竞争者的现状与投资项目的可行性，并对未来作出尽可能准确的预测，从而将决策的风险降到最低的限度，从根本上提高成功的可能性。

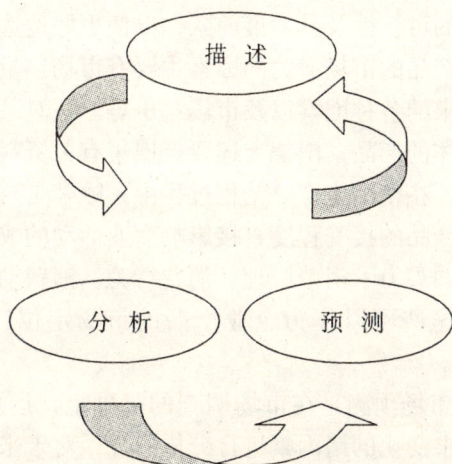

市场调查作用示意图

（2）市场调查的内容。市场调查的内容是指在进行市场调查工作时应该调查的问题和所需搜集的资料。这是整个市场调查的核心，也是调查工作的目标所在，因此，在开展调查以前就必须明确调查内容。一般来说，市场调查主要有以下内容：

第一，环境调查。主要指市场所在地的政治法律环境、经济环境、社会文化环境、科学技术环境以及地理气候等环境因素的总称。这些环境直接决定了市场所在地的市场环境，也是创业者进行新产品开发、尤其是为产品开拓新的市场时必须考虑的因素。

当地政治法律环境。具体包括已经出台的法律、实际执行的情况等。

当地经济环境。具体包括国民经济运行情况和发展态势、市场体系的发育和完善程度、国家的产业政策等。

当地的社会文化环境。具体包括价值观念和标准、风俗习惯、生活方式、消费心理等。

当地的科学技术环境。比如在草原牧区开办一家制革厂，就不用担心找不熟练的技术工人，因为那里几乎人人都是皮革鞣制高手。

当地及周围地理资源环境。比如造纸业，必定要求建在原料、水源都丰富的地方，且保证环境不被污染，而竹木加工业则一定要傍近大山。

创业必须"因地制宜"，无论创业者面对怎样的市场环境，都必须对所在地的宏观环境进行考察分析。

第二，市场潜力调查。市场潜力调查是指产品在目标市场上的销售前景，其目的是通过调查查明直接影响产品在目标市场上销售的各种因素，明确地分析在目标市场上组织销售的可行性及其发展前景，以便更好地选择产品的目标市场。

一般而言，影响产品的市场潜力的因素主要有市场容量、消费方式和消费需求增长情况，影响需求的各种因素以及市场竞争等。在对某一市场的潜力进行调查时，就需要结合具体的产品，围绕上述要点搜集有关资料，进行深入分析。

第三，顾客调查。在整个生产—销售过程中，顾客是这个过程的最后也最关键的一环，消费者对产品的接受程度直接影响商业活动的成败。顾客调查一般应包括顾客构成、顾客购买力、消费心理、消费行为、消费动机、消费决策过程以及信息获取途径等。这些可以作为企业产品的市场定位以及营销决策的重要依据。

（3）市场预测。市场预测是在市场调查的基础上，运用科学的方法对市场需求以及影响市场需求变化的诸因素进行分析研究，对未来的发展趋势作出判断和推测，为企业制定正确的市场营销决策提供依据。市场预测主要包括以下几个方面。

第一，市场需求变化预测，主要是指商品的购买力及其投向的预测，包括生产资料市场购买力预测和消费市场购买力预测两方面内容。除现实购买力以外，对市场需求变化的预测还需要研究社会潜在购买力。

第二，消费结构变化预测，主要内容是预测消费品市场的产品构成以及其相应比例关系。包括消费者的消费支出在不同商品之间的分布比例，变动趋势。其中最为关键的是居民消费的恩格尔系数的变化。

第三，产品销售预测，是指企业本身对产品销售前景的判断，包括对销售的品种、规格、价格、销售前景、销售额以及销售利润等方面变化的预测。其目的在于使产品适销对路，满足消费需求，提高企业经济效益。

第四，产品价格预测，是指根据企业产品的市场价格以及同类产品的市场价格对企业产品未来市场价格变化的预测。影响产品价格的主要因素有市场供求状况、市场竞争状况、产品价值规律等。

第五，产品生命周期预测，主要是对企业产品在生命周期中所处阶段即萌芽期、成长期、成熟期与衰退期的预测。

第六，资源预测，是指对企业所需要的原材料、能源等资源的供应状况及其变化趋势进行合理的预测，明确资源供应的数量、规格、质量、价格等，寻找降低资源成本的途径，增强企业竞争力。

第七，市场占有率预测，包括企业绝对市场占有率与相对市场占有率两方面的预测。企业不仅应该预测本身产品的市场占有率及其变化趋势，还应该对同类产品、替代产品的市场占有状况及其变化趋势进行预测。

第八，生产技术变化预测，包括企业生产技术变化的预测、国内行业技术发展变化的预测以及国际先进技术发展变化的预测等。

三、创业项目

1. 创业项目选择的相关因素

在市场经济中，创业者要想在商海中挤占一席之地，并在竞争中能够取胜，寻找到合适的创业项目是非常关键的一步。创业项目的选择是一项复杂的决策活动，需要综合考虑多种相关因素。其中需要考虑的主要有以下几点：

（1）个人兴趣与特长。兴趣是最好的老师。一个人只有选择了他喜欢又有能力做的事情，他才会自觉地、全身心地投入到工作中去，并忘我地工作，才有可能在遇到困难和挫折时百折不挠，千方百计地克服困难，实现创业目标。所以，选择自己感兴趣、有特长的项目是创业成功的基础。

（2）对项目的熟悉程度。俗话说，隔行如隔山，创业者应该在自己熟悉的行业里选择创业项目，才能提高创业成功的几率。选择创业项目，要深入了解、熟悉项目本身以及项目所在的行业状况，唯有如此，才能取得成功。

（3）市场机会及利用能力。市场是最终的试金石，所以选择创业项目时在考虑了个人的兴趣与特长以及对项目是否熟悉之后，还要认真调查分析所选的项目是否有市场机会以及创业者本人是否具有利用市场机会的能力。

（4）能够承受的风险。创业本身就是一项"探险"活动。创业者把资金投入进去，谁也无法保证一定能够成功、一定能够赚钱、一定能够长盛不衰。因此，在选择创业项目之前，无论创业者对项目有多大把握，都必须考虑"未来最大风险可能是什么？""最坏的情况发生，我能不能承受？"等问题，如果答案是肯定的，那么，只要项目的预期回报符合你的预期目标，就可以进行投资。

（5）国家的相关政策与法律。政策和法律是保障。进行创业项目选择还必须考虑国家相关政策和法律法规因素：一是选定的项目是否属于国家政策和法律禁止或限制的范围；二是选定的项目是否属于国家政策和法律鼓励的范畴。创业者要尽可能在国家的政策、法律法规鼓励的范围内选择项目。

2. 创业项目选择的原则和方法

（1）创业项目选择的原则。由于自身资源的缺乏，创业者在初期往往需要吸引外部投资作为创业启动的资金，而能否吸引投资或者吸引资金的多少以及最终能否取得创业成功，很大程度上取决于创业项目的选择，所以创业者在项目的选择上一定要科学合理、细致全面、小心谨慎。具体而言，选择创业项目应遵循以下原则：

第一，以新取胜。创业本身就是一项创新活动，创业者需要一些敢为天下先的勇气。从市场角度而言，市场要求创业者能够抢占先机、出奇制胜。很难想象一个陈旧俗套、立意平平的创业项目如何能够获得投资者的青睐或者在激烈的市场竞争中站稳脚跟。

第二，内容为王。俗话说，靠山吃山，靠水吃水。创业者选择项目要充分考虑项目的资源状况，尽量选择有独特资源优势的创业项目。这种资源可以是资金、技术，也可以是矿产、区位，等等。如果能够慧眼独具，发掘自身特有的资源进行项目开发，往往更容易获得成功。

第三，市场第一。市场是一面旗帜。市场经济社会里包括创业在内的一切经济活动都要围绕市场进行。创业不但要乘"需"而入，还要尽量做到经久不衰，产品的市场支持力、市场容量及自身接受能力对创业者来讲至关重要，所以创业者要通过市场调查和预测考察所选项目在目标市场及目标群体的现实消费和潜在消费的状况，判断自己是否可以顺利进入市场，等等，尽可能选择那些具有广阔市场前景的项目。

第四，因时而动。时势造英雄，任何创业者都离不开他所处的历史背景。我国目前一个明显的特点是国家政策具有很强的推动性，产业政策往往深刻影响甚至左右一个产业的发展格局，国家和地方都出台了不少鼓励创业的产业政策。所谓"因时而动"，即如果一个创业项目符合国家的经济导向，它成功的几率将会大大提高，反之，则很容易中途夭折。

（2）创业项目选择的方法。在目前我国经济发展的大潮中，机会可以说是无处不在，但多种选择有时未必是件好事。市场往往乱象丛生，海量的市场信息可能让很多人无所适从，那么创业者如何能够独具慧眼、拨云见日，敏锐地捕捉生活中的各种商机，确保创业成功呢？以下的几种方法可以为我们提供借鉴。

第一，基本取舍标准。现实中的行业数以千计，怎样才算合适？绝对的具体量化标准谁也无法给出，大致的基本取舍标准则有三条：一是比较符合自己的兴趣、特长和基本条件；二是拥有一定的市场发展空间；三是存在足够数量的现实顾客或潜在顾客群体。一般来说，只要具备了这三条中的任何两条，这个"业"就值得去开创，而且成功的可能性很大。

第二，从因"我"制宜开始。这是指充分开掘自身资源，凭自己的兴趣、特长及现有条件来开始创业。如果你选定在农村发展，就可以从种植业、养殖业、加工业、运输业、饭馆等服务业上着手；如果你技术功底深厚，就不妨从应用技术等方面开始，或发挥技术特长，或以技术入股。这样发挥优势、因"我"制宜，不失为一条有效的创业捷径。

第三，填充空缺市场。空缺市场也叫市场空白，指的是商家们暂时忽略或尚未发现的商业或者市场领域。无论社会经济多么发达，空缺都是永远存在的。谁发现了空缺，谁就发现了商机；谁填充了市场，谁也就开辟了市场。

第四，进军潜力市场。从某种角度上说，任何商品从产生、发展到消亡的过程，始终都处于不断的完善之中。换句话说，潜力市场是永远存在的，问题在于我们能不能去关注、发现它。南京有位大学生搞玩具租赁业，市场非常火爆。

第五，服务时政大局。时政大局向来是社会的热点，尤其是重大活动庆典等更是全民瞩目。这个时候的特殊需要，也就必然涌现出全新的市场机会。如北京奥运会的举行，就使各种国旗、国旗彩贴、国旗彩绘的需求激增。

第六，满足群体新潮欲望。创业的要件之一，就是要有基本的，最好是足够数量的消费群体，从这一角度上说，需要就等于市场。而人的需要总是在不断更新、变化的。有心的创业者也就总能从中不断地捕捉到机会。如近年来美甲、宠物美容等行业随着经济的发展应运而生，就是明显的例子。

第七，解决特殊群体的需要。人类的全部活动，脱不出吃、喝、玩、乐、睡、工这六大范畴。无论你在这六大范畴方面的要求多么出格，只要形成一定数量的群体，按照"需要产生市场"的原理，就会催生出一种产业，提供给一部分人创业的机会。这些年来，一度绝迹的收藏、斗鸡、玩蟋蟀又开始活跃起来，有些地方甚至形成了一种产业，就是最好说明。

第八，延伸、开发各种服务业务。这种创业项目的选择实际上就是利用成熟市场的衍生市场，利用消费者主流需求得到满足之后衍生出来的支流需求作为服务的切入点。以数码相机为例，数码相机的主流业务（数码相机的生产和销售、数码照片冲洗）之外，还可以细分出许多衍生业务，比如，数码相片的加工和修改，利用数码相片制作电子相册、大头贴，等等。

选择创业目标的方法当然还有很多，无法一一列举，但总归是一个原则：一切从自己出发！在纷纭的世上确定自己创业的方向和目标需要选择，把确定的目标做大、做强则需要创造。

四、创业模式

1. 常见的几种创业模式

不同的创业模式各具特点，各有其优势。清楚每种创业模式的特点、优劣和适用性，可以为我们选择适合自己的创业模式提供借鉴。下面介绍四种基本的创业模式：

（1）白手起家模式。

创业难度：★★★★★

可借鉴度：★★★

典型的白手起家型创业是从无到有，从零出发的创业形态。在诸多创业模式中，白手起家是难度系数最大的一种。白手起家即利用极少的资金，通常情况下是几百到几千元，通过艰辛的努力创造自己的事业，最终积累了一定的资金并走向事业成功。

要想成功运用白手起家的模式，以下四个方面是必须的：

第一，广泛的社会关系。白手起家的创业者因为自己没有资金实力，很难请到或请得起高水平的人才，也没有太多的钱用于广告或市场推广，所以创业之初的生意来源很大部分是靠社会关系，有了广泛的社会关系，产品或服务就有了一个好的销售渠道。

第二，有预见性。对于白手起家的创业者来说，要想成功就要寻求一个好的项目或者产品。通常白手起家的创业者在选择产品或项目时，一般要考虑以下三点：一是该产品或项目要顺应社会发展的潮流；二是要与众不同；三是推广时不需要或只需要很少的市场启动资金。这就要求创业者有一定的预见能力，能够把握好市场的发展趋势，从而找到并占领某一市场缝隙。否则，根本无法与其他企业或产品在竞争中抗衡。

第三，良好的信誉和人品。白手起家的创业者，只有靠自己的人格魅力，才能吸引一批与你志同道合、愿意跟随你的人，因为你出不起高工资招募合适的人才。同时，白手起家的创业者由于经营规模较小，所以商业信誉度不会很高，这时要用创业者的个人信誉和人品来担保。只有这样，别人才愿意并敢于与你合作，顾客也才能放心地和你进行商业交往。

第四，吃苦耐劳精神。白手起家的创业者要面对残酷的市场竞争。与财大气粗的竞争对手相比，白手起家者找不出什么竞争优势，只有靠自己的吃苦耐劳精神，付出比竞争对手更多的努力和艰辛。多做一些工作，多奉献一些爱心，去感动客户，这才是白手起家者最有力的竞争手段。

（2）收购现有企业模式。

创业难度：★★★★

可借鉴度：★★★

以低价买进经营状况差强人意的企业，或是企业主因为其他原因准备转让的企业，经过对企业进行整合、调整，改善其经营状况以达到获利的目的，或者以更高的价格售出。购买企业是种节约创业时间和成本的好方法。生活中我们见到的商铺转让、饭店转让等，就属于这种情况。收购现有企业的优点是企业具备基础，在所有资源包括商誉、产品、客户、广告促销等方面具备一定的条件，可变因素较易掌握，因此更能节省创业者的时间及开办成本。采用收购企业模式需要注意弄清楚要收购的企业价值到底该如何计算。一般情况下，如果要将一家企业卖掉，其价格就是资产的变现值。罗列一下资产的市场价格，考虑一个折扣，就是企业的价值了。但对于有的企业，如一个商业化的个人主页，或者一个可供自由下载的共享软件，在计算的时候就需要用别的方法。这时可以参照举办该企业的成本来计算。可以将经营者在过去几年相关的支出（包括经营者的工资）归纳统计，最后得出的数字就是你考虑的数字范围了。

（3）依附创业模式

依附创业包括争取经销权、做指定供应商、内部创业、特许经营等，是创业模式中内容最丰富的一种类型。下面对其中的几种模式逐一说明：

第一，争取经销权——做代理商。

创业难度：★★★

可借鉴度：★★★★

代理商是生产商的经营延伸。现在，凡是影响大一点的商品都有它的代理商。做代理商既是为他人做嫁衣裳，也是在为自己积累经验。做代理商可以借助厂家有形的商品，为自己完成资本原始积累。同时，还能学习营销知识，建立渠道网络，一举两得。

做代理商必须注意，小企业之于大企业、代理商之于生产商，只能依附而不能依靠。最理想的状态是既有经营上的联系，又有资本纽带关系，但不是被人控股，不是挂靠或下属关系。这样就能保持独立，拥有较大的经营自主权，大大提高企业的生命值。

第二，做指定供应商——配套与贴牌生产。

创业难度：★★★★

可借鉴度：★★★

全球经济一体化时代，社会分工越来越细，一件商品的生产和营销往往被细分为众多的环节，由此为配套生产者提供了机会。大的、复杂的整机如汽车、摩托车、家用电器固然有众多的配套厂家，就连小型的商品如桌椅、香烟、白酒、望远镜等，也有许多是分工合作的产物。众多的配套厂家就像众星捧月般地拱卫着上游厂家。虽然配套厂家起点低、利润薄，但投资也少，因此恰恰适合资金不足、经验缺乏的创业者。

贴牌生产有两种情况，一种是贴牌后自产自销，这叫借牌，需要交付贴牌费，一般只在区域市场销售；另一种就是产品生产出来后，交给原品牌所有者销售，也叫代工。前者风险大于后者，投入也大于后者，但贴牌资格比较容易取得，一般仅限于国内品牌。创业者可以酌情选择。

第三，内部创业。

创业难度：★★

可借鉴度：★★★★★

内部创业是指一些有创业意向的员工在企业的支持下，承担企业内部某些业务或项目，并与企业分享成果的创业模式。内部创业主要有两种形态：一是成立互助厂商，如员工在公司所允许的范围内，由公司内部另辟企业体系的创业模式。二是将企业中某个体系独立出来，以利润中心制度来成立新企业部门，而这个体系的成本、经营效益的盈亏必须完全自负。内部创业对创业者而言，风险较低，而由于其形成方式大都是由母公司的员工独立在子公司创业，因此，可以获得原来母公司在许多方面（如产品、资金、人力、技术）的支援，这些成熟的条件将有利于创业者在创业过程中取得成功。

内部创业大多是合伙创业的模式，因此在创业之前，必须慎选合伙人，同时要事先言明各项合伙的条件，如股权、分红、事务分配等各方面都要清楚明确。如果母公司参与子公司的部分经营，也要将这方面的条件与权益明确制订在合伙协议书中。

第四，事半功倍的加盟创业——特许经营。

创业难度：★★★

可借鉴度：★★★★

温馨提示

> 目前社会上鱼目混珠的所谓加盟经营很多，需要加以认真考察，避免上当。

加盟创业属于分享品牌金矿、分享经营诀窍、分享资源支持的创业模式。加盟者不用自己探索开创新事业的路子，只需向特许者支付一定的加盟费就可以经营一个知名的品牌，并能长期得到特许者的业务指导和服务。初期可以免费享受市场调查、投资风险预测、效益评估等经营策划；获得员工免费培训和设备的技术、维修保障；还可享受统一的物流、统一的管理模式、统一的广告宣传，这样就大大降低了创业者的投资风险。

目前，连锁加盟有直营、委托加盟、特许加盟等形式，投资金额根据商品种类、店铺要求、技术设备的不同，一般从数千万元到数百万元不等，可满足不同需求的创业者。近年来，特许经营这种商业模式在国内受欢迎程度一直上升。对小本加盟者而言这是风险低而又容易管理的生意。

采用特许经营的创业模式并不能保证创业一定成功。采用这种模式必须选择适合自己的特许经营品牌来做，而且在选址、可行性分析等方面尤其需要认真、细致地考察和分析。

第五，新兴网络创业。

创业难度：★★★

可借鉴度：★★★

互联网改变了人们的生活，同时也提供了全新的创业方式。网络创业不同于传统创业，无须白手起家，而是利用现成的网络资源。目前，网络创业主要有两种形式：一是网上开店，在网上注册成立网络商店；二是网上加盟，以某个电子商务网站门店的形式经营，利用母体网站的货源和销售渠道。

网络创业的优势是门槛低、成本少、风险小、方式灵活，特别适合初涉商海的创业者。像如易网、易趣、淘宝等知名商务网站，有较完善的交易系统、交易规则、支付方式和成熟的客户群，每年还会投入大量的宣传费用。但对于初次尝试网上创业的人来说，事先必须进行多方调研，选择既适合自己产品特点又具较高访问量的电子商务平台。一般来说，网上加盟的方式更为适合创业者在投入较少的情况下开业，能边熟悉游戏规则，边依托成熟的电子商务平台发展壮大。

（4）在家创业模式。

创业难度：★★★

可借鉴度：★★★

在家创业者，准确地说是独立工作、不隶属于任何组织的人，不向任何雇主做长期承诺而从事某种职业的人。在家创业是脑力劳动者（作家、编辑、会计、广告设计、电脑编程等）或服务提供者，他们在自己的指导下自己找工作做，经常但不是一律在家里工作。

在家创业的优点是时间安排灵活；可以独立、不受外界干扰地工作；在家里非常舒适；可以改善家庭生活，比如照顾孩子；工作上可以有很大的变化空间。缺点是打开局面困难；过度劳累；不能挣到足够的钱；需要克服孤独感；遭遇拒绝、不可靠的客户和供应商；承担对自由职业本人和家庭成员的压力。

2. 创业模式的取舍

光有梦想、希望，而没有选对创业的方式或者说模式，再美的梦想也难以成真。选择适合自己的创业模式是创业成功的关键。资金少、经验少、社会关系匮乏等诸多因素的困扰，通常使很多创业者裹足不前。准确判断自身的优势和劣势，选择最适合自己的创业方式，可以化解不利因素，促进创业成功。前面列举的四类创业模式可以说是各有优劣，怎样取舍取决于创业者自身的实际情况，适合自己的，就是最好的。在决定采用哪种创业模式时，要考虑以下几方面的因素：

（1）适合自己的性格、兴趣、能力和特长。在开始之前，创业者需要对自己进行一个有效的评估，弄清楚自己的兴趣是什么？自己能力状况如何？在哪些方面有特长？只有在明白自己的前提下，才能决定选择什么样的创业模式。创业者应选择自己喜欢的事做。在未来的创业路上你要付出几年甚至十几年的艰辛，一个人如果做自己喜欢的事，每天工作 24 小时也不觉得辛苦。如果是做自己不喜欢的事，每天工作一小时都是煎熬。很容易有一天因梦想遇到挫折，而在懒惰中放弃。

（2）了解每种创业模式的特点、优劣、资金需求以及适合对象。在前面的四类创业模式中，白手起家模式是创业门槛最低的一种，也是最艰难的一种。白手起家就犹如先有了一个鸡蛋，用蛋孵出小鸡，再鸡生蛋、蛋生鸡，从而一步步积累资金的过程。同时，通常白手起家除了意味着缺少创业资金，还意味着创业者缺少创业必备的社会关系，必须依靠艰苦奋斗，通过一点一滴的摸索和积累，建立起广泛的社会关系。因此，白手起家的创业者必须具备超强的耐受力、百折不挠的顽强精神。白手起家模式主要适合那些有敏锐的商业眼光、较强的人际交往能力和意志品质比较顽强的创业者。

收购企业模式所需要的资金取决于收购对象的性质、经营状况等因素。这种创业模式适合那些已经在这个行业里工作过一定年限的人，他们对这一行业已经相当熟悉，具备相应的技能或是经营能力。因此，能够准确判断收购对象的价值和潜力，接手过来稍加整顿即可以走上正轨。

依附创业模式中的争取经销权和做指定商的创业模式虽然有"背靠大树好乘凉"的优势，但要注意，采用这两种模式一是资金需求相对较大；二是需要创业者在此之前已经在该行业中实践锻炼了相当的时间，已经积累了足够的行业专业知识和技能以及相关的经营管理知识。因此，这两种模式适合那些在该行业里打工，完成了相应积累，也有一定资金的创业者。而内部创业则需要创业者原来所工作的企业能提供这样的机会。同时，内部创业对创业者自身的素质要求较高，要求创业者自身德才俱佳，才可能在众多的员工中脱颖而出，争取到内部创业的机会。加盟创业的模式所需的资金多少不一，取决于所加盟的对象。同时，创业者需要对所加盟的行业有一定的了解。采用这种创业模式对创业者开始的经营管理能力要求不是特别高，但对创业者的基本素质还是有较高的要求。网络创业门槛较低，但对创业者的商业眼光、创新能力、道德素养及意志品质都是不小的考验。若不具备这些素质，进入了也容易被淘汰。

在家创业模式并不适合大多数创业者，它对创业者的专业知识、专业技能要求特别高。一般而言，它主要适合那些已经在本行业工作相当长的时间，积累较多的专业知识和专业技能的人。

创业模式的取舍是一个选择过程，既需要对自己有准确的认识，又要求对所选择的创业模式有深入的了解。这样才能找到最适合自己的创业模式。

五、创业的启动

当你已经具备了创业的条件，接下来就是立即行动起来，投入到创业的活动中。不过，在正式的经营活动开始之前，有些技术性工作还是少不了的。还有许多因素需要仔细考虑。首先要考虑的是企业的定名和选址。

1. 企业的定名和选址

（1）企业的定名。虽说一个企业经营的好坏根本上在于自身是否能向社会提供优质的产品或服务，但是，一个具有高度概括力和强烈吸引力的公司名称，对大众的视觉和心理等方面都会产生影响。一个设计独特、易读易记，且富有艺术和形象性的公司名称，能够迅速吸引大众的眼球，诱发其浓厚的兴趣和丰富的想象并留下深刻的印象。因此给企业起一个好的名称也是创业者必须要考虑的。在企业定名上应遵循以下七个原则。

第一，简洁明快。公司/店铺定名应以简洁为好，易读易记。店名不能起得太复杂，否则会适得其反。名字字数少、笔画简单，易于和消费者进行信息交流、便于消费者记忆，同时还能引起大众的遐想，寓意丰富。

第二，符合公司/店铺理念、服务宗旨，以及公司/店铺形象塑造的要求。公司/店铺定名必须与经营商品相吻合，通常要能反映经营者的经营内容和特色，或反映主营商品的优良品质，使消费者易于识别其经营范围，并产生购买欲望。如"同仁堂"，因为"堂"作为中药铺已成为约定俗成的识别标志，所以人们一看"同仁堂"招牌，就知道这里主营中药。

第三，具有独特性。公司/店铺名称新颖，不落俗套，能迅速吸引消费者的视觉，引起他们的兴趣，如"一口鲜"、"大三元"、"狗不理"等。另外，个性的公司/店铺名称应避免与其他公司/店铺名称雷同，以防混淆大众记忆，并可加深大众对公司/店铺的印象。

第四，响亮震撼，易于上口。具有冲击力、有气魄的公司/店铺名称往往在吸引顾客方面更胜一筹。如四通集团的"四通"，取自英文"STONE"发音，意为石头，象征坚强果敢、向高技术不断冲击的勇气；又如"麦当劳"三字，响亮又具有节奏感，因而极具传播力。

第五，用字吉祥、给人美感。在商业传统尤其是中国文化背景下，用语不祥历来是商家大忌。所以公司/店铺定名应用一些符合中国人传统审美观的字样，不但给公司/店铺以良好期望，也给人以舒适安全的心理感受。

第六，有文化艺术底蕴。有一定文化艺术底蕴的名称能给人以文化艺术情操的陶冶和感染，使消费者获得一种独特的文化艺术审美享受，如"楼外楼"、"陶陶居"之类。

第七，遵守法律规定。我国对于公司/店铺定名有一系列相关规定，例如企业不得使用下列对国家社会或者公共利益有损害的名称：外国国家（地区）名称；国际组织名称；以外国文字或汉语拼音字母组成的名称；以数字组成的名称；等等。这些规定构成公司/店铺定名的底线，所有公司/店铺定名时必须遵守。

（2）企业的选址。不论创立任何企业，地点的选择都是决定成败的一大要素，尤其是以门市为主的零售、餐饮等服务业，店面的选择往往更是成败的关键，店铺还没有开张，就先决定了成功与否的命运。可以这样说：好的选址等于成功的一半。从经济学与地理区位的角度来说，公司/店铺选址确实大有学问。一个好地址至少应该具备以下六大条件中的两条以上。如果能六条都具备，那就是真的"风水宝地"了。

第一，商业活动频繁。对每个城市而言，闹市区的商业活动一般都极为频繁，把公司/店铺尤其商店设在这样的地段，营业额自然高居不下。因为这样的地段就是所谓的寸土寸金，消费能力十分巨大。相反，如果在非闹市区，甚至一些冷僻的街道设址，门可罗雀，人迹罕至，营业额自然有限。

第二，人口密度高。任何经营都是针对顾客的，都讲究一个人气，因此居民聚居、人口集中的地方最适宜设址经营。在这些地方，人们各种各样的商品需要构成了一个庞大的消费市场。如果公司/店铺能在这样的地方立足，致力于满足消费者需要，自然会有做不完的生意。另外，这样的地方顾客需求比较稳定，销售额不会大起大落，可以保证商店的收入稳定。

第三，顾客流量大。从商业的角度来看，"客流"就是"钱流"。在车水马龙、客流量大的热闹地段经营，成功的几率往往比普通地段高出许多。对经营小型商铺的创业者来说，客流量对收入的影响更是明显。

第四，公众聚集密。如剧院、电影院、公园等娱乐场所，或者大工厂、学校、机关等附近也是值得考虑的选址地点。

第五，同类店铺多。长期的经营中，某些街区会自发形成经营某类商品的集中市场，这种规模效应往往会吸引更多顾客。

第六，交通条件好。旅客上下车最多的车站、主要车站附近，或者在顾客步行不超过二十分钟的路程内的街道往往盈利最多。没有顾客愿意到一个位置偏僻、需要几经辗转甚至根本就没有公交车经过的商店购物。

上述六条都具备的地区，就是平时我们说的繁华商圈了。但对于创业者来说，在创业初期，繁华商圈寸土寸金的昂贵月租或者价格不菲的转让费是很难承担的。即使资金没问题，大多数繁华商圈位置已被人捷足先登了，创业者想取得一席之地并不容易。针对这种情况创业者不妨暂时放弃繁华商圈，转向繁华商圈之外的次商圈。这样可以节约大量的资金，同时仍然可以分享繁华商圈的旺盛人气。

教师提示

> ➤ 俗话说酒好不怕巷子深。比名称、地址更重要的是一个企业自身的质量，即企业能向社会提供何种产品或服务。因此，应该把提高企业自身质量的工作放在首位。

2. 企业的登记和注册

创业者不论设立何种形式的企业，都需要依法到工商行政管理局登记注册，领取营业执照，这样才算合法开业。下面介绍几种类型的企业登记注册的法律规定和相关程序。

（1）有限责任公司的登记。有限责任公司是依照《中华人民共和国公司法》设立，股东以其出资额为限对公司承担责任，公司以其全部财产对公司债务承担责任的企业法人。设立有限责任公司应具备的条件主要有以下几个：

第一，股东符合法定人数。

第二，股东出资额达到资本最低限额。

第三，股东共同制定公司章程。

第四，有公司名称及符合有限责任公司要求的组织机构。

第五，有公司住所，即固定的生产经营场所和必要的生产经营条件。

申请有限责任公司登记注册时，应提交下列文件、证件：

第一，公司董事长签署的公司设立登记申请书。

第二，全体股东指定代表或者共同委托代理人的证明。

第三，股东法人资格证明或者自然人身份证明。

第四，具有法人资格的验资机构出具的验资证明。法定资格的验资机构应为登记机关注册的具有法人资格的会计师事务所和审计师事务所。

注册资本的出资方式可以是货币、实物、土地使用权等，其中的相关规

定有:

第一,股东以实物作价出资的,应提交具有评估资格机构出具的资产评估报告,属国家资本的还须提交国有资产管理部门所出具的确认书。

第二,股东以土地使用权作价出资的,应提交具有土地评估资格的机构出具的评估报告和土地行政管理部门出具的确认书。

第三,股东以工业产权、非专利技术出资的,应提交工业产权、非技术专利作价依据或报告,并经全体股东认可。

第四,国家资本出资的,应提交国有资产管理部门的投资证明。

(2)个人企业的登记注册。个人企业是指依照《个人独资企业法》在中国境内成立的,由一个自然人投资,财产为投资人个人所有,投资人以其个人财产对企业的债务承担无限责任的经营实体。个人独资企业对注册资金实行申报制,没有最低限额基本要求。设立个人独资企业应具备以下条件:

第一,投资人为一自然人,法律法规禁止从事营利性活动的人不得作为个人独资企业投资人。

第二,有合法的企业名称,名称中不得使用"有限"、"有限责任"、"公司"字样。

第三,有投资人申报的出资。

第四,有固定的生产经营场所和必要的生产经营条件。

第五,有必要的从业人员。

申请办理个人独资企业的设立、变更、注销登记和备案,凡材料齐全,符合法定形式,工商行政管理机关当场作出登记决定,并在五个工作日内核发营业执照或其他登记证明(申请人以非固定形式提交行政许可申请的,受理审核时限按国家工商行政管理总局《企业登记程序性规定》执行)。

注册成立个人独资企业,一般要经过以下步骤:

第一,咨询后领取并填写《名称预先核准申请书》、《指定(委托)书》,同时准备相关材料。

第二,递交名称登记材料、领取《名称登记受理通知书》,等待名称核准结果。

第三,按《名称登记受理通知书》确定的日期领取《企业名称预先核准通知书》,同时领取《企业设立登记申请书》;经营范围涉及前置审批的,办理相关审批手续。

第四,递交申请材料,材料齐全,符合法定形式的,等候领取《准予行政许可决定书》。

第五,领取《准予行政许可决定书》后,按照《准予行政许可决定书》确定的日期到工商局交费并领取营业执照。

设立个人独资企业登记注册应提交的文件、证件主要有：

第一，《企业设立登记申请书》（内含《企业设立登记申请表》、《投资者名录》、《负责人登记表》、《企业住所证明》等表格）。

第二，《名称预先核准申请书》、《企业名称预先核准通知书》及其他名称预先登记材料。

第三，《指定（委托）书》（投资人自己办理的，不必提交《指定（委托）书》）。

第四，《企业秘书（联系人）登记表》。

第五，经营范围涉及前置许可项目的，应提交有关审批部门的批准文件；涉及后置许可项目的，应提交《承诺书》。

拓 展 阅 读

一、你适合创业吗

心理测试虽不能说就一定百分之百的准确，但有一定的提示、参考作用。想创业的人不妨做一下，如果结果正好符合你心中的想法，那说明你比较适合创业；如果结果与你心中的想法差距较大，那就需要认真斟酌考虑。请注意：选择答案时不必犹豫、考虑，尽快据实回答问题，越出于本心越接近客观。请试着做做下面两个测试。

1. 问题选择

当你和客人、朋友或伙伴去饭店用餐时，由你点菜。你通常：

A. 点自己想吃的，不考虑别人。

B. 点别人想吃的，不考虑自己。

C. 先说出自己想吃的东西。

D. 先按自己的意愿点好，再看情况变动。

E. 犹豫不决。

F. 请服务员说明菜的情况后再点。

2. 答案分析

选 A 者：乐观、干脆、办事果断、不拘小节。容易跨出创业的第一步，但是否正确却很难说。

选 B 者：多属顺从型，易受他人影响，缺乏自信，往往忽视了自己的存在，太过慎重。不大适合独立创业。

选 C 者：性格直爽开朗，不拘小节，常人感觉难以启齿的事也能若无其事地说出，有时还很尖刻。适合创业。

选 D 者：做事认真、安全第一，能真诚地听取别人的劝说。只要不忘记自己的观点，充分具备创业的优势。

选 E 者：想象力丰富，但太拘泥于细节，缺乏控掌全局的意识；小心谨慎，工作与交友上都容易犹豫，给人的印象比较软弱。在创业中开始难打主意，但着手实行往往成功。

选 F 者：自尊心强，讨厌别人指挥；办事坚持自己的主张，追求不同凡响；为人积极热情，重视双方的面子。如能适当谦虚一点，对创业更有帮助。

二、你属于哪一类创业者

1. 问题选择

（1）哪种投资对你更有吸引力？

A. 定期存款。

B. 不低于 5% 甚至高于 10% 的利润。

（2）哪种工作对你更有吸引力？

A. 每周工作低于 40 小时，每年固定加薪 6%。

B. 每周工作高于 40 小时，第一年年底就加薪 10% ~ 15%。

（3）你喜欢哪种商业形象？

A. 独资经营。

B. 合作或合伙经营。

（4）下面 3 个福利、待遇都不错的工作，你会选择：

A. 大企业，但个人的权限与职责都稍低。

B. 稍有名气的中型公司，个人有部分权限和责任。

C. 小公司，但个人有相当大的权限与职责。

（5）当你拥有一家公司时，对公司的行政管理、广告销售、工资支付等事，你希望参与到什么程度？

A. 高度集权。

B. 放大部分权。

C. 放小部分权。

（6）工作中碰上了小的阻碍，你会：

A. 立即请别人帮忙。

B. 先思考选定几种解决方案，然后请示上司。

C. 自己努力解决。

（7）你的企业一直沿用某种销售制度，年利润增长 10%；现在你发现了另一套制度，年利润可增长 10% ~ 15%，但实行起来需要个人和企业投入时间与资金。你会：

A. 私下采用，等着看结果。

B. 展示结果，建议采用。

C. 避免风险，不用。

(8) 当你向上司建议时，上司说"不要自作主张"，你会：

A. 照办。

B. 过一阵再说。

C. 越级建议。

D. 按自己的方法做。

(9) 你是否参加新公司的开发计划？

A. 不参加。

B. 偶尔参加。

C. 常参加。

(10) 你打算如何着手训练员工？

A. 请专家设计内容，亲自训练指导。

B. 自己安排内容，亲自训练指导。

(11) 你感觉下面哪种最有成就感？

A. 工资最高。

B. 专业荣誉较高。

C. 成为老总。

(12) 以下哪个部门最吸引你？

A. 营销部门。

B. 行政部门。

C. 财务部门。

D. 训练部门。

E. 管理部门。

F. 服务部门。

G. 信息部门。

(13) 你希望的薪金计算方法是：

A. 工资。

B. 底薪加佣金。

C. 佣金。

(14) 一位非常有希望成交的大客户在你正准备去度假时想来，你会：

A. 请他后延一段时间。

B. 取消度假。

C. 延后度假。

（15）你小时候玩过危险性的游戏吗？

A. 没有。

B. 常玩。

C. 偶尔玩。

（16）你喜欢什么样的工作步调？

A. 每次做一件事，直到完成。

B. 每次同时做几件事。

（17）你现在每周的工作时间是：

A. 每周 35 小时。

B. 40 小时。

C. 45 小时。

D. 50 小时。

E. 60 小时以上。

（18）你打推销电话时的心境是：

A. 运气好的话，可能成功。

B. 有可能完成这笔交易。

C. 觉得非常有希望完成这笔交易。

（19）遭遇危机时，你的精神状态是：

A. 以平常心看待，因为一切皆在掌握中。

B. 虽已掌握局面，还是有些焦躁。

C. 确实受到相当程度的影响。

2. 每题得分

（1）2，6；（2）3，10；（3）7，5；（4）1，2，3；（5）5，1，3；（6）1，5，7；（7）4，5，1；（8）1，5，8，10；（9）1，5，10；（10）1，3；（11）2，5，8；（12）10，1，3，3，2，5，8；（13）1，5，10；（14）1，5，4；（15）1，8，4；（16）3，6；（17）1，3，5，8，10；（18）1，3，7；（19）5，2，7

3. 答案分析

将所有得分累加，即是你的测试总成绩：

总得分 33～36 分者，比较适合做上班职员。

总得分 37～142 分者，比较适合做加盟者。

总得分 143～169 分者，比较适合做创业者。

三、残疾人周彦俊的创业神话

不到 20 岁独自办厂，24 岁开厂房，27 岁自创工艺美术堆画获国家专利，30 岁拥有百万身家……上天没有让他拥有普通人一样健壮的身体，却磨炼了他

"强壮"的斗志。周彦俊一岁半时患了小儿麻痹症，从此失去了像正常人一样的行走的机会。父亲是个篾匠，经常外出揽活。年幼的他寄养在别人家中吃"百家饭"。但他并不甘心寄人篱下，10岁那年，他拄起拐杖开始独立生活。穷苦的父亲希望残疾儿子学点实用的东西养活自己，12岁那年，他父亲买了一台缝纫机，让他学缝纫。然而，周彦俊却痴迷上了画画。没有专业老师指点，只有狂热的兴趣，他的画笔却从不停歇；画人物、画动物……为同学们描摹小人书，给班级出板报。他笔下的人物、动物、植物惟妙惟肖。令人始料未及的是，画画竟成了他后来创业不可或缺的重要元素。

18岁那年，周彦俊的双脚动了两次大手术后休学了。从此，村里人就经常看到一个双脚打着石膏，双手拄着拐杖，身背画架的少年。他到处给人画画，一张画卖两块到两块五。20岁那年，周彦俊迎来了生命中第一个转机。怀揣父亲给他的70元钱和朦胧的创业想法，他独自前往县城自谋出路。当地有个风俗，办喜事盛行送画匾。周彦俊认为这是个可以发挥自己特长的生意。进县城的第一个月，周彦俊没有赚到足够的钱交房租，被房东扫地出门。周彦俊的忠厚老实打动了第二个房东，不但把房子低价租给他，还答应到年底再付房钱。有了落脚的地方，周彦俊留下生活费，把剩余的钱都买了玻璃、颜料、画框，开起了自己的第一家小店。开始时他给人画镜屏，别人做寿，他就画不老松；别人结婚，他就画龙凤呈祥，再加上玻璃、画框来提高档次。每块镜屏的成本为2元左右，能卖3.8元，周彦俊的原始积累就是从这一个个细微的1.8元差价汇集而成的。

3个月下来，周彦俊攒了一笔小钱。从中，他看到自己能做得更大。做大生意资金显然不足。于是，残疾的他再次上路，这次，怀揣200元钱，远去广西柳州。本来想去找朋友借钱，没想到碰上了生命中第二次转机。钱没借到，满心失望的他在柳州商场闲逛。商场内一种用通草做成的立体画让他眼前一亮。他认定这是可以开发的新产品，画匾的边角上印着一个印章"贵州贵定"。顾不得路途遥远和行走不便，他坐上了前往贵定的长途车。也许是其貌不扬的原因，假装成进货商的周彦俊并没有引起厂方的警惕，他仔细参观了整个工艺流程，临走时还买了一块成品和半斤通草，带回家研究改进。改进过的通草画匾造型独特，在喜好画匾的湖南市场大受欢迎，甚至占领了广西市场。上门订货的厂家络绎不绝，其中还有他之前偷师的生产厂家。周彦俊顺势扩大小作坊规模。后来小作坊被涟源县工商联收购，员工增加到40多人。

从此，周彦俊坐上了让当地人艳羡的位置——公办美术厂副厂长。然而自立门户的想法始终在他心头激荡，他毅然辞职，筹办兴华工艺美术厂。启动资金由朋友们东拼西凑而来。美术厂月收入从两三千迅速蹿升到几万元。周彦俊用近20万买下600平方米地皮，建起300多平方米的厂房。此时他脑子里已有产品转型的念头。虽然当年偷师学来的匾额生意不错，但他参加广州交易会后，意识到产品再不更新，客源必将不断萎缩。自那时起，他吃饭睡觉都在琢磨开发新产品。终于，笋壳进入了他的视野，用它来做野鸭、鹰等动物的羽毛效果非常逼真。新产品一上市，反响出奇的好。他很快为这个新产品申请了专利。商家找上门来指定要包销他的新产品，并订下协议，一天要150个，而当时工厂一天生产能力只有60个。为此工厂不断扩大规模。后来，他的业务遍及湖南省40多个县和北京、上海、四川等十几个省市，数百万元收入滚滚落袋。30岁的周彦俊在湖南成了创业神话。

周彦俊白手起家的创业历程不是什么神话，而是他具备一个创业者应当具备的素质。多年的画画实践，使他具备了从事工艺美术的专业知识和技能；多年的社会闯荡，使他具有很强的社会能力；而从小到大的磨难，又使得他意志顽强、坚韧不拔。正是这些良好的素质造就了周彦俊成功的基础。

教师提示

➤ 创业的道路需要付出很多艰辛，立志创业的同学应当在日常生活中磨炼自己的意志，培养自己坚韧不拔的精神。

➤ 扎扎实实地掌握一门专业知识，这样才会为你的创业安上一对有力的翅膀。

➤ 在日常生活的点点滴滴中学习做人，提高自己的人际交往能力。这是你创业的助推器。

四、捕捉商机，小草变摇钱树

一段时间，报纸上刊登出了这样一条消息：由于科威特的国土完全是沙漠，每年都要从国外进口大量泥土来种植花木。台湾天作实业公司的老板周玉凤看后分析，科威特人进口泥土实属无奈之举，他们真正需要的是花草树木，如果能够研制出一种不需要泥土的花草树木，岂不可以赚大钱了吗？于是周老板聘请专家，不惜巨资研制不需要泥土的花草。不久，小草研制出来，由于其适应性强、成本低、成活率高而备受欢迎。在西亚地区小草被称为"台湾创造的现代神毯"，不起眼的小草成了公司的摇钱树。

创新能力是创业者的一个重要素质，这需要敏锐的市场嗅觉和创造性思维。周老板正是凭借这些捕捉到了一个潜在的巨大市场和赚取利润的机会。我们平时常听到这样那样的抱怨。比如没机会、没资金条件。但仔细想来，这些都不是主要的因素。创业者自身的素质才是最根本的因素。

五、垃圾堆里创大业

刘亮是一个由湖南到广东打工的小伙子。有一次，刘亮跟老板到云南采购大理石，看见大理石厂的垃圾堆了一地，主要都是一些不成材的大理石边角料。那个带领他们看货的大理石老板边走边对他们说："你们看那些废料了吗？占了很多地方，我看见就心烦，可是没人要，只好堆在那里成了垃圾。"对于大理石废料，刘亮当时并没有在意，回到广州后，他看见广州读书人镇纸用的石条，灵感一下子冒了出来。他想起在云南看到的那些大理石废料，那不是很好的镇纸原料吗？经过考察之后，他果断辞掉了工作，买来机器，到云南与大理石老板签订了包清垃圾石料的合约。之后，刘亮开始创业办厂了，专门生产大理石镇纸以及大理石地脚线等。

刘亮将平凡无奇的"大理石垃圾"加工成型后，还在每件镇纸上刻上各色生肖或名言警句，产品居然供不应求，工厂也一再招工扩产。他用自己的创意为本来是垃圾的石块赋予了生命，使其成为创富的工具。

一个学者曾说过：世上本没有垃圾，只有放错了地方的资源。一件事情的好坏优劣，关键在于你以什么样的视角来看待它。从反面来看，那些原本被定义为废品的东西，就会变成创造财富的宝贝。

教师提示

➤ 这个世界从来就不缺少机会，只缺少发现机会的眼睛。善于观察，勤于思考，就能在别人忽略的细节中发现潜在的商机。

六、打工的意义

跟老板学习创业经验	创业需要各方面的经验，是一个人综合能力的体现。通过打工，可以在较短的时间里，从老板身上学到诸如组织管理、协调关系、市场开拓和用人之道等许多在课堂与书本中学不到的知识和经验。
为创业积累资金	通常情况下，首次创业所面临的第一个问题就是缺资金。没有资金，创业就是一句空话。给别人打工，总会得到一定的劳动报酬，这可看做是为以后创业所进行的原始积累。
体会被领导的艰辛与感受	打工者往往处于逆境之中，干力气活，受窝囊气，有时会被人瞧不起，这些你在当了老板以后是很难体会到的。通过打工，可以锻炼你的意志和承受能力，真正了解下层的苦衷，学会尊重员工，体谅下属。

续 表

可以避免重蹈覆辙	每个成功的企业家都会犯错误，而每个错误都会造成损失。通过打工，可以吸取别人失败的教训，自己将来就不会再犯同样的错误。

七、从小护士到"打工皇后"的路有多远

吴士宏，一个刷洗针管、打扫卫生的小护士，一个跑腿打杂的勤杂工，靠边工作边学习勤工俭学方式，一步步奋斗成为后来赫赫有名的"打工皇后"。

吴士宏的起点并不高，从底层奋斗，从勤杂员做起，从基层销售员到销售经理，到华南区总经理，到 IBM 销售渠道经理，再到微软（中国）总经理。一路冲杀过来，创业一步一个脚印，全力奋斗。无论是在哪里，她都非常善于学习。在 IBM 任全国销售经理时，吴士宏在 7 个月做完全年指标的同时，顺带学会了管理渠道运营的精髓。在微软，吴士宏的业绩从"差"到"良"再到"优＋"的同时，又"高度综合实践了不同职位的几重角色"。在微软的 15 个月，她所学的本领比原先准备到美国读 EMBA（相当于博士）还要多得多。

吴士宏的创业起步并不显耀，但实现了宏大的创业梦。她的特点是把工作业绩与个人修炼高度结合在一起，业绩越做越大，越做越漂亮，自身的本领也修炼得越来越强大。

教师提示

➤ 干一行、爱一行、钻一行，这样才能最大限度发挥自身潜能，学到知识、提高技能，学会经营管理之道。
➤ 不要把打工仅仅视为谋生的手段，要把它看做是你人生的又一个"课堂"，这样你才知道该做什么，该学什么。

八、未来十大热门行业

（1）IT 行业。最近几年来，工程技术研发人员一直是 IT 行业最热门的人才，硬件工程师和软件工程师需求量巨大。虽然经过这些年的发展，但网络游戏、电子商务、网络教育、网络会议等一系列网络服务项目在我国还远远没有达到普及的程度，还有巨大的发展空间。可以预见 IT 行业仍然是一个能够蓬勃发展的朝阳产业。

（2）建筑、房地产业。随着我国住房政策改革和住房的商品化率提高，房地产业创造出了巨额利润。房地产行业也因此面临无限商机，并因此带动了与之相关的房地产开发、咨询、销售、物业管理、租赁、二手房转让等行业的迅速发展。虽然在一定时期内房地产也会出现波动。但在我国整个经济高速发展阶段，建筑、房地产业都将是一个热门的行业。

（3）汽车制造业。随着我国经济的高速发展和人们物质生活水平的不断提高，家庭对汽车的需求量不断增大，这就给家用汽车制造业带了前所未有的机会。家用汽车市场的发展还将带动汽车装饰、维修、轮胎、汽车零配件、制造轮胎的橡胶产业、用于汽车生产的钢铁业等其他相关技术产业的发展。

（4）电信行业。当今时代快节奏、高效率的生活方式使人们对信息传递快捷性、同步性提出了越来越高的要求，对相关通讯产品（如电话、手机、传真机）以及通讯服务的需要增长十分明显。有调查显示，目前我国的电话与移动电话人均拥有量远低于世界平均水平，通讯市场的开发潜力巨大，这将给通讯业带来新的机遇和丰厚利润。

（5）生物技术类行业。有人称21世纪是生物技术的世纪，生物科技经济发展必然呈现燎原之势。这种说法不无道理，据报道，目前在全国年产值过亿元的生物技术企业雨后春笋般蓬勃发展，各地方政府也把生物技术作为经济发展的突破口，生物技术产业增长空间巨大。

（6）老年人、妇女、儿童用品及服务行业。据专家预测，2020年，我国60岁及60岁以上的人口占总人口的比例将达到16.84%，2050年将达到27.77%。这么大规模的老年人口必然催生出一个巨大的老年人需求市场。使得老年人的医疗、保健、社区服务等方面的需求急剧增加。因此，由老年人保健品、药品、生活必需品、社区服务等组成的老年人服务行业必将具有更大的发展前景，形成一个新的朝阳产业。

另外，随着人们对生活质量期望的提高，尤其是女性和儿童对服装、化妆品、洗涤用品以及他们的一些生活必需品的需求也越来越大，在这些用品上的投入也越来越高，并带动相关产业迅速发展，在未来的若干年，这一行业仍然有巨大的发展潜力。

（7）旅游休闲及相关产业。生活水平的提高以及节假日数量的增多，外出旅游休闲几乎已经成为人们生活的重要组成部分。另外，人们旅游休闲机会的增多不仅加速了旅游业的发展，同时也带动了服务业、运动产品、体育场馆、旅行社、旅游产品等行业的繁荣发展，形成了一个促进经济发展的强大产业群。

（8）装饰装潢业。随着国内城市居民住房的商品化，装修业得到了前所未有的发展，室内装饰产品和装修工程承包业也随之成为获利颇丰的行业。有关部门的统计表明，当前城市居民装修住房投入在2～5万元左右，并呈现出不断增长的趋势，这些因素都促进了装饰装潢业的迅速发展。

（9）餐饮、娱乐与服务业。"民以食为天"，这是一句永恒的真理。当人们解决了基本的温饱问题之后，必然会对生活质量提出更多更高的要求，加之社会生活节奏的加快，使人们对于餐饮、娱乐以及服务业都提出了更多更高的要求。这就给相关行业的创新发展带来了巨大的空间。

（10）环境能源类环保产业。这一产业可视为标准的 21 世纪朝阳产业，有着巨大的发展潜力。随着经济不断发展及社会不断进步，环境问题已成为日益严峻的社会问题，环境保护的呼声越来越高。随着环境保护投入的大幅度增加，我国环保产业发展较快，已成为国民经济的重要组成部分，在未来的若干年内，这一行业仍然具有巨大的发展空间。

九、从买鞋到卖鞋

创业成功之前的杨雨荷曾被一个问题困扰了很长时间——自己的一双要穿 41 码鞋的大脚根本找不到合适的鞋子，她找遍了整个西安，最大的女鞋也只有 39 码。出差时，她每到一个城市，都会去各个商场寻找大号女鞋，可最终每次都只能空手而归。

无奈，杨雨荷只好买来 39 码的鞋，把后面剪开，像穿拖鞋那样穿在脚上，这样不仅损坏了鞋子，穿起来也很不舒服。

"饱受折磨"的杨雨荷后来突然想到：现在高个女孩很多，像自己一样买不到大码女鞋的一定不少，能不能开一家专卖大码女鞋的店？这样一来，不仅可以当老板赚钱，又解决了自己的穿鞋问题。回到家跟父母商量，却遭到了父母的强烈反对："能穿大号女鞋的人毕竟不多，再说，你从哪儿进货呢？还是安安稳稳上班吧！"

由于缺乏资金，又没有进货渠道，杨雨荷只好暂时放弃了自己的想法，直到 2003 年 4 月的一天，杨雨荷偶然得知，全世界每 100 双鞋里，就有 60 双产自中国。这个数据让杨雨荷眼前一亮，她想，既然有那么多鞋子生产厂家，我为什么不直接找厂家定做大号女鞋呢？

说干就干，杨雨荷的大号女鞋专卖店很快在郑州开业。但鞋店刚开业不久，突如其来的"非典"疫情蔓延郑州。那一两个月里，很多人不敢出门，眼看着旁边的门店纷纷关门歇业，杨雨荷不免心慌意乱。"非典"过后，人们纷纷外出，"大号女鞋店"迎来了大量顾客，甚至其中还有很多来自外地！挑选大号女鞋的同时，她们纷纷感叹"总算找到了合脚的大鞋"，于是她们常常一次就买走两三双。

更让杨雨荷高兴的是，两个省体工队的女运动员在逛街时发现了这家店，一下子就带来了许多队员。当她们发现这家"大号女鞋店"后，都如获至宝，把以前因为没鞋搭配而穿不了的漂亮衣服全部拿了出来，一件一件地穿到店里，选购可以搭配的鞋子。这样一来，店里的鞋子很快就被抢购一空了。杨雨荷统计了一下，仅8月份一个月，她就卖出鞋子100多双，除去成本和各种开销，净赚1 400多元。

为了扩大经营规模，增加鞋子款式，杨雨荷每次都亲自到深圳直接找厂家订货。可是，对于厂里提供的一些样鞋，杨雨荷总是不满意，觉得过于沉闷和古板。她知道，爱美之心人皆有之，女人尤甚。为了让店里的大号鞋子款式更多更好，无论在什么地方，杨雨荷都习惯性地观察身边女孩所穿的鞋子，只要她没见过的款型，他都会询问对方是在哪里买的，或者想方设法拍下来，以便把款式提供给厂家作为参考。

经过顾客之间的口碑相传，大号女鞋店的知名度越来越高。她每次进了新款的鞋子，都很快被抢购一空。2005年夏天才刚刚开始，店里的凉鞋就已经快断货了，顾客们都不停地催她快去进新货。

鞋店生意红火，杨雨荷的收入自然也是逐渐增加。现在，除去各项开支，她每个月的利润都在6 000元以上。然而，杨雨荷并没有满足，她还在积蓄力量，打算把自己的大码鞋店做得更大，并将业务拓展到全国各地。目前，安阳、新乡和洛阳等地的几个大脚女孩，都来跟她商谈加盟的事情，杨雨荷希望通过更多的加盟店，让更多的大脚女孩都不再为买不到漂亮合脚的鞋子而烦恼。

这种从自己或别人的困难或需求中寻找创业项目的方式，已经成为不少创业者的普遍选择。因为自己或别人感到困难的时候，说明新的市场需求已经形成，创业者需要做的只是选择适当的方法，开发已经形成的市场需求，这比培育一个新的市场需求容易得多，成本投入也会大大减少。

十、野鸡成就大事业

1990年的一天，蓝招衍和几位朋友吃饭，见老板花45元从一个猎人手里买了只死野鸡。他想。一只死野鸡就能卖这么好的价钱，如果养野鸡岂不很快就可以脱贫致富？蓝招衍将这个想法告诉了弟弟蓝招宝，兄弟俩一合计，决定养野鸡。第二天，他们瞒着父亲将家里仅有的两头大肥猪卖了才凑齐2 000元钱，弟弟蓝招宝怀揣这笔钱一路啃着馒头去外地学习养殖技术。10多天后买回了10只山鸡蛋，到家已是身无分文。"30元一个蛋"？一辈子在穷山村度日的老父亲听了，抡起巴掌就朝蓝招宝脸上打去……

蓝招宝用家里的母鸡孵蛋，可村里的一场鸡瘟使他的母鸡都死了。蓝招衍赶紧从邻村以每天5角钱的代价租来一只母鸡孵蛋，可是没有几天母鸡都死了。情急之下，只好用热水孵化。几经折腾，前后孵出7只雏鸡。当蓝招宝托起毛茸茸的小生命时，泪水从熬红的双眼里夺眶而出。

他把小鸡放在猪舍里饲养，喂五谷杂粮，就连他母亲服的中药渣也给野鸡吃，使其减少生病概率。其间雏鸡被老鼠咬死了几只，最后只剩下了 3 只野鸡。他们的行为在当地是件很轰动的大事。村民们认为他们是"傻蛋"，两人成了别人茶余饭后的笑料。

一天，一位专门收购各种野生动物的广东人找到了蓝家，想以每只 65 元的价格买下 3 只野鸡。当细心的蓝招宝打听到广东那边吃野味的人多、经营野味的酒家生意红火、对野鸡的需求量大得惊人的情况时，便无论如何也不肯卖掉这 3 只野鸡了。

他发现野鸡抗病能力特强，能抵抗好几次瘟疫，青草、药渣、米糠都吃，而且市场前景看好。于是，他想办法贷款 1 万元，批量进了野鸡进行饲养，成活率达 98%。结果当年产品一出来就被抢购，不但收回了投资，还净赚 2 万元钱。

由于珍禽市场火暴，效益连年翻番，经过 3 年的发展，兄弟俩积累 100 多万元资金，山下那幢风雨剥蚀的百年老屋和一排排简陋的鸡舍，已经无法容纳数量不断增加的珍禽。随后，他们将养殖场搬迁到荒山上，并于 1993 年 5 月挂牌成立了"永定县闽西招宝珍禽开发公司"，如今其企业在福建赫赫有名。

如果把白手起家当做最简单的资金积累过程就大错特错了。白手起家最根本的前提是创业者必须要有市场预见性，能够看到别人尚未发现的市场空间。通常没有被开发出来的市场空间就意味着进入的资金门槛比较低。就像蓝氏兄弟"孵野鸡"一样，他们所看到的不仅仅是野鸡与家鸡在利润上的巨大差异，更看到了野生动物养殖的巨大市场空间。

教师提示

> ➤ 差异是生活里常见的现象，价格差、地域差、时间差、需求差……这些差异里往往蕴涵着巨大的商机。发现它、利用它，你也能创出你自己的一片事业蓝天。

十一、创业箴言

只要肯动脑筋，充分运用自己的专长和本事，想创业其实并不难。难就难在要创什么业，而这就得回归到自己的兴趣和专长上。

在选择行业时，最好能以自己的兴趣为依据，千万不要迁就创业风潮，勉强自己做不喜欢做的事。因为做自己感兴趣的事，动力自然就比别人来得强，而唯有全心投入，才能从创业过程中得到成就感和快乐。

一旦决定创业，千万别被自己的热情牵着走，应当冷静下来为事业作好规划。事前审慎地设想各项创业细节与问题，早一步拟定解决方案，否则若在创业后才发现问题，与原先的预期落差太大，很可能发生打退堂鼓的情形。

另外，一旦决定所要投入的行业之后，就必须在该行业专业知识上多下工夫。由于经营的是你的兴趣所在，这些专业知识大多只要通过时间与经验的积累即可学成，无须刻意地抱着书本猛啃。只要随时保持进修和充电的心态，自然就能逐渐掌握专业知识。

——摘自程欣乔《成功创业八方案》

十二、下岗工人的创业路

丁勤荣在平凉地区肉联厂工作14年后下岗了，与其他许多下岗职工一样，她曾经整天陷于绝望与痛苦之中。然而为了生存，最终她走上了创业的道路。

因为一无所有，丁勤荣就从小本的火锅业开始做起。她用借来的2万元，在平凉市解放路临街租了两间铺面，当起了火锅店的老板。小店是开起来了，各种麻烦事也来了：有时采购的蔬菜因为后堂管理不严而造成很大浪费；有时账务记得很混乱，没有头绪……丁勤荣不得不抽时间充实和完善自己。她始终认为，不管干哪种职业，如果你想做出一些成绩，不甘平庸的话，知识是最根本的。在学习的过程中，丁勤荣渐渐感到了独立创业的很多好处，她发现自己从未认识到的很多潜能，而且创业也促使性格内向的她学会了与社会上的各种人打交道，她渐渐懂得了如何经营管理。

在丁勤荣的辛勤努力和苦心经营下，火锅店的生意渐渐好起来。但与此同时，竞争对手的实力也在日益增强，丁勤荣有一种危机感。在对店内的经营情况经过分析并听取老顾客的意见后，丁勤荣决定在消费环境、营业管理、火锅种类、服务理念等方面着手，逐渐将火锅店的经营管理推向规范化。为此她还特意请来专人培训员工，从仪容仪表到餐饮服务知识等逐一进行讲解与规范。

丁勤荣说："我觉得，要想在激烈的市场竞争中立住脚跟，与'路边店'有所不同，就必须有自己的独特风格。"如何用有特色的火锅品种来吸引顾客，丁勤荣也动了一番脑筋："我想外地的品种可能会更多，就关上店门去学习，别人不肯教我时，我就软磨硬缠。不过辛苦也没白费，总算学到了一些风味独特的特色火锅的配料方法。"

2001年5月，丁勤荣投入资金，在平凉市中心办起了自己的新店，火锅店变成了火锅城，14个包间风格各异，两个大厅环境幽雅，各色火锅应有尽有，营业额直线上升。丁勤荣取得了创业的成功。

丁勤荣虽说是"被动创业"，基础也不算好，但她却能够不断进取、不断学习，在实践中提高自己各方面的能力，可以说具备专注、坚韧的品质。这正是创业者所必需的。同时，火锅店的发展也得益于她不断地创新，最终以自己的特色独树一帜，在激烈的竞争中不断发展壮大。

教师提示

> ➤ 特色是在传统行业中生存的根本，只有形成自己独特的风格，才能吸引消费者的目光。
>
> ➤ 对于创业者来说，学习是极其重要的。人不是天才，总是在不断的实践中才能积累起足够的知识和能力。

十三、公务员兼职开了洗衣店

严晓静，公务员，2002 年结婚后搬进了一个多为年轻夫妇居住的小区，她发现周围很难找到放心的洗衣店，于是就萌生了开洗衣店的念头。因为是兼职做，所以不想规模太大。于是就在小区里租了间 60 平方米的房子，由于对这个行业没有任何经验，为了省心，就采取了连锁加盟的方式。

开店前，严晓静用了大半年的时间，学习了与服装面料与洗涤有关的知识，通过采取屡次到别处洗衣服的方式，了解到这个行业容易出现的问题，比如常因为干洗，水洗不分，洗衣质量难以保证而引出很多洗衣纠纷。

同时，严晓静还了解到这个小区多为小户型，有很多住房是空房出租，为了方便租房者，严晓静还增加了两台投币式洗衣机。白天，严晓静让自己家保姆接待客户，因为她家保姆的待遇很优厚，所以保姆工作也很努力。

为了吸引更多的顾客光顾自己的洗衣店，严晓静在店面装饰与功能上花了很多心思。她把店里一间屋子空出来，装饰成一个可供顾客休息的休闲场所，有桌子和单人沙发，准备了一些杂志和报纸。严晓静鼓励顾客自己带本书，在等待时，可以在舒缓的音乐声中，享受阅读的乐趣。严晓静当初投入的 20 万元也在开业一年后全部收回。

加盟特许经营不失为一种"懒人"开店的好方法。严晓静根据自己的特点，瞄准市场的需求，走出了一条加盟创业的路子。难能可贵的是，她能在加盟经营统一的模式下细心周到，在经营中做出自己的特色来。

教师提示

> ➤ 尽量选择那些比较正规、有一定影响力的加盟企业，以提高成功几率。
>
> ➤ 在加盟特许经营统一的物流、统一的管理模式、统一的广告宣传的模式下，服务的质量、特色是加盟者努力的重要方向。
>
> ➤ 懂得选择、吸收、消化别人的好东西，变为自己所用，并且用得更出色，加盟经营才会越做越好。

十四、田文的礼物专卖店

田文有了孩子后就没有去上班，而是做了一名家庭主妇。孩子两岁以后，她就在考虑寻找一个一举两得的方法让事业和家庭可以同时兼顾。此时，在家创业成了田文的不二选择。但是到底该从事什么行业？终于有一天她灵光一闪："自己孩子出生时，礼物像雪片般飞来，贩售礼物应该是个不错的生意。"就是这个简单的想法，使得田文利用网站开了一家"爱的礼物专卖店"。

卖礼物，卖的就是"贴心的感受"，为了让上网的客户可以宾至如归，田文铆足劲地"讨好"客户。网站刚开张时，"爱的礼物专卖店"还特别与平面流行杂志合作，在上面刊登广告，以招徕顾客。此外，为了吸引网友上网一游，第一个月适逢父亲节，田文就设计了一个"父亲节礼品设计企划比赛"，让网友直接上网比拼。最近"爱的礼物专卖店"更别出心裁地推出了"纪念日通知"的免费服务，上网的网友可以任选15个纪念日，登录在网站上，届时"爱的礼物专卖店"就会在纪念日到来的前一周，预先寄发提醒函，提醒你佳节即将到来，而且登录在案的网友，还可以收到一张9折折扣券。

为了使顾客经常光顾她的小店，田文每天都像上班一样，花上一定的时间坐在电脑前，查看业界最新的资讯、回复网友的留言、更新店里的商品。为了使网站上的礼品常保新意，她特别与居家附近的便利店合作，引进不少绝版的商品，供网友选择。就这样，光顾她的小店的网友越来越多，有的还成了她的朋友。

凭借新颖的产品、贴心的服务，田文的网上小店才能紧紧地抓住顾客的眼球，在众多的网上商店中脱颖而出。提供登录纪念日的服务可谓一举两得，既可以给网友方便，也可以顺带收集客户资料，只要和客户建立密不可分的关系，即使别的竞争者想进入，也必须耗费较多的时间。

教师提示

> ➤ 网上开店一是要靠特色取胜，二是要靠服务留人。
> ➤ 对自己要求严格，要有自制能力及自发性并要像上班一般自律。
> ➤ 在经营中努力和客户建立起紧密的关系，这对网上商店的发展极其重要。

活 动 建 议

活动一　创造思维训练

一、活动目的

提高运用扩散思维解决问题的能力。

二、活动指导

在发挥思维的流畅力的同时，还要尽力做出思维变通力和灵活性的努力；课堂训练可分为几个小组进行，先写再说；要把训练题中的扩散思维能力及时运用到日常学习与生活的实践中。

三、训练操作

（1）说出玻璃杯的用途，看谁说得多。

要求：写在纸上，5 分钟内完成

得分标准：写出几项就得流畅力几分，有几种类别就得变通力几分，看谁两种得分都很高，且总和最高。

（2）将下列不同种类的事物，相互之间尽可能联系起来，想象成一些新物品。这些新物品或是世上还没有，或是以前有的东西的改进，它们能使我们的生活更方便，甚至能推动社会的进步。

鸟类，玻璃，汽车，船舰，山，海，水，石，火，林木。

要求：将结果写出，10 分钟内完成。看谁想得最好、最妙、最有创意。

活动二 写一个采访手记

一、训练目的

通过采访及写作，生动直观地感受创业的艰难过程；理解创业者的素质、能力、创业环境之间的相互关系以及对创业的相应作用，从而提高对创业的认识。

二、训练指导

要求采访前列出相应的要点，要点须涉及对创业起相应作用的两大因素：创业者自身的素质（性格、能力、特长等）；当时的创业环境、市场状况；创业的历程；创业中面临的困难以及解决的过程。这些情况应体现在所写的手记中。

三、训练操作

采访一位创业成功的人，可以是你的长辈、亲戚、朋友、邻居，或者其他你认识的人。请他（她）谈谈自己创业的过程，讲讲自己创业成功的经验。

要求：不少于 2 000 字，一星期之内完成。

【学习收获】

同学们，在学习"自主创业 成就事业"的内容后，你有什么收获，用几句话写下来。

【活动情况记录】

活动时间：

活动方式：

【效果评价】（教师填写）

【意见和建议】

附 录 旅游业员工应具备的
基本职业品质

接待服务是旅游业员工最重要的工作。可以说旅游业员工归根到底做的是"人"的工作。因此，旅游业员工的职业品质本身就是接待服务的内容之一。要想给客人提供优质高效的服务，旅游业员工就必须具备基本的职业品质，并在此基础上进一步提升。在接待服务工作中，旅游业员工要以职业良心为基础，养成耐心细致的职业品质，端庄、豁达的内在气质，具备良好的团队精神和大局意识。不断进取、不断超越，向更高的境界攀登。从而为我国旅游事业的发展作出更大的贡献。

一、职业良心和良好的职业习惯

1. 职业良心有情无价

（1）职业良心的感染力。良心一词在平常生活中是指对是非的内心的正确认识，特别是跟自己的行为有关的认识。一位哲人说："良心是由人的知识和全部生活方式来决定的。"旅游业员工的职业良心是指旅游业员工在履行对顾客、游客、企业和社会的职业义务的过程中形成的道德责任感和道德自我评价能力，是旅游业员工职业道德的观念、情感、意志、信念在个人意识中的统一。职业良心之所以重要，就在于它是职业道德的内化，是外在的行为标准内化后形成的内心的行为准则。正如孔子讲的："心不逾矩。"有了职业良心之后，就能自觉地约束自己的行为，正确地处理个人与社会的关系，使自己的行为符合职业道德。旅游业员工就是要用职业良心来对待服务对象，对待工作，用自己的职业良心来保障自己的服务质量。

张明华是位导游。有一次在接待一个澳大利亚华侨旅游团的时候，经历了一件小事，切实感受到了良心对人的灵魂的震撼力量。他的行为，深深地感动了一位澳大利亚阿婆，也深深地感动了他自己。"那个澳大利亚旅游团是我在 1999 年接待的，我关照了一位澳籍华人，这段经历，使我第一次切实感受到很多比金钱更加贵重的东西，切实认识了什么是客人给予我的最有价值的回报。事情很简单，整个游程和其他的旅游团没什么区别，我和客人每天都是早出晚归，没多少空闲时间。客人离开北京的前一天晚上，回到饭店，团里一位岁数很大的阿婆，问我可不可以陪她去看一位老朋友。阿婆提出要求的时候很不好意思地说，自己年纪大了，又不懂汉语，虽然有地址，也不知道能不能找到，而她要看望的朋友比她年纪还要大一些，又不可能来饭店接她，所以求我帮忙。说实在话，我当时真是不想陪她去，不为别的，我真是太累了，走了一天，腿脚酸疼，饭店里又没有我的住房，我只想早一点回家睡觉，第二天还要早起送早上的航班。可一看阿婆双眼中流露出来的恳切目光，我又不忍心拒绝她。北京实在太大了，让她这样来自异国他乡的老太太晚上一个人出去找人，我还真是放心不下。于是，我就陪她去了。经过一番周折，阿婆终于见到了自己分别多年的朋友。我虽然累得几乎要睡着在阿婆朋友家的沙发上，但心里很踏实。送阿婆回饭店的时候，她很激动，一路讲着她的朋友，最后她说：'我这次来中国，就是想在自己百年之前见一见老朋友，否则我会遗憾终生的，现在我可以安心地走了。'第二天，阿婆随其他客人离开了北京。分别的时候，她很激动，老人家抱着我哭了，一连说了好几声'谢谢！'就在那一刻，我忽然觉出了人与人之间的真情、友情是一种比金钱更重要的东西，是更值得宝贵和珍惜的。以往在课堂上，听老师讲了许多关于导游员要树立良好的职业道德，要讲职业良心的道理，我一直不大理解，在我和阿婆告别的那一刻，我明白了导游员的职业良心对于导游员而言意味着什么。"

良心是信誉的基础，旅游业员工要凭借自己的职业良心来换取客人的信任，用自己的职业良心去感染客人，使客人在感受自己职业良心的同时，又反过来用这种职业良心来感染自己，从而使自己的职业精神和从业状态得到全面升华。

（2）职业良心胜于亲情。旅游业的员工为客人服务，要把"不是亲人、胜似亲人"的道德境界变为自己的职业习惯，以自己一贯对客人负责的态度，以自己合格的工作，为客人提供一个稳定的服务保障。这种服务保障追求给予客人这样的心理感受：就一般而言，即使亲人也不过如此。

导游赵青在2002年夏末秋初曾经带一个英国旅游团到新疆地区观光。在吐鲁番，由于天气炎热，客人们水土不服，团中一下子就病倒了四位客人，上吐下泻，其中一位女客人一天腹泻竟达十四次之多。四位客人一起住进了医院，看护他们的重任全部压在了她的肩上。连续两天两夜看护照料病人，使她劳累过度，疲惫不堪，好在终于有了令人欣慰的结果：三位客人基本痊愈，可以出院了。赵青说："我总算松了一口气，然而问题接着又来了。那天晚上的行程是要住在从吐鲁番到敦煌的火车上，那位尚未痊愈的女客人坚决要求随团行动，在征得医生的同意之后，我们将她抬上了火车。在给客人分配卧铺车厢的时候，没有一个客人愿意和她同在一个车厢过夜，因为这位女客人在过去的两天是里上吐下泻，全身散发着异味，在她身旁站上一会儿就会使人感到难受。甚至这位客人的亲妹妹也咆哮着对我说：'我也是花了钱来旅游的，不是来尽义务当护士的！'当时我心里极为愤怒，人情怎么会冷漠到如此程度，连亲情都靠不住了。最后我把那位可怜的病人分在自己的车厢。那一晚上，我照顾病人，几乎又是一宿没睡，早上一照镜子，眼皮都肿了。但是看到客人的身体慢慢恢复了，精神也逐渐好了起来，我心里感到了另一种平衡。很多客人被我的精神和工作所感动，患者的妹妹也向我诚恳地表示了歉意。"

赵青获得了成功，因为她在客人最需要帮助的时候，做到了连她的亲人都不愿意为她做的事情。这位客人连同她的妹妹，连同那个团里一切见过赵青工作的其他英国客人，会长久地记住自己的这次中国之行，记住赵青这位普通的中国导游员。导游员的职业道德是有不同境界的，赵青在救护那位英国女客人的过程中表现出来的道德情操和岗位奉献精神，确实可以说是达到了超凡入圣的境界。这一切，都离不了赵青自己职业良心的支撑。

（3）职业良心出奇迹。职业良心是旅游业员工在为客人服务的过程中创造奇迹的道德基础。是否具有合格的职业良心，这是衡量旅游业员工是否合格的一项重要的标准。旅游业员工在为客人服务的过程中能够做到全心全意，遇到突发事件能够做到竭尽全力，做到有百分之一的希望就不放弃百分之百的努力，凭的就是职业良心。

导游的职业良心是导游在关键时刻创造奇迹的关键条件。2003 年 3 月，王小惠接待了日本经济团体联合会（简称经团联），一个超 VIP 团体。参加该团的客人都是日本诸如松下、东芝一类大公司的负责人。该团行程简单，在北京只是拜访中国青年联合会和日本大使馆，第二天乘飞机到重庆参加中日友好植树活动。机票、饭店全部由日方自定，又有经团联事务局的工作人员负责上下站的联络，想出事也难，应该是万无一失了。谁知，事情就偏偏出在了事务局的工作人员身上。王小惠回忆道："那天上午，客人从长富宫去机场，我照例提醒客人检查自己的证件和物品。这时，事务局的工作人员圭部先生（相当于旅游团的领队）突然神情紧张地打开箱子，好像在找什么东西，我问他怎么啦，他却说没什么。到了机场，圭部先生才吞吞吐吐地问我，没有护照可不可以乘坐中国国内航班。这时，离飞机起飞还有不到一个小时，我问他为什么不早一点说，他说害怕因为自己的失误影响了那些大人物的心情，加上心里还有一丝侥幸，以为到了飞机场还能找到。当时我是又气又急，本来指望他来照顾客人呢，结果他倒出了问题。没有护照肯定是不能上飞机的，我不能因此影响了全团的行程，于是让其他客人先飞走了。我陪他一起找护照，一直找到下午 3 点，圭部先生的护照却怎么也找不到，我们只好先回长富宫。圭部先生的脑子全乱套了，一路上，他只是喃喃自语：'准备了快一年的活动，全完蛋了，这下连工作也没了，还不如去自杀。'我一面安慰他，脑子一面飞转，替他想办法。我突然想到，他们昨天不是去过日本大使馆吗？以他们的身份，大使馆也许会对他们有所关照的。真巧，大使馆的一位秘书给了圭部先生一张名片，电话打过去，一位秘书说，他晚上8点离开大使馆，如果在此之前赶到，他可以为圭部先生办渡航书（临时护照）。虽说有了柳暗花明的转机，但是后面的工作又开始了对我的职业良心的新考验。我们到了公安局，接待我们的民警说，要公安局开具护照遗失的证明，需要先到长富宫开具护照遗失的证明。于是我们又在长富宫和公安局之间多跑了一圈，办妥了证明，然后又查飞往重庆的班机时间，最后一班是晚上8点15分，8点以前办好临时护照，再赶往机场，无论如何也来不及了。圭部先生的情绪已经坏到了极点，他呆滞的目光就像两根鼓椎，在敲击着我的灵魂。我的职业良心再一次驱使我使出了自己的浑身解数，哪怕有百分之一的希望，也要尽百分之百的努力。忽然间，我想到了成都，成都到重庆是有高速公路的，几个小时就能到达。再一查航班时刻表，飞往成都的最后航班九点半起飞，真是天不灭曹！我们还有机会！于是飞奔到日本大使馆，7点50分；拿到渡航书，8点15分；赶到机场，8点35分；最后一关，飞机有位，购票，办好手续，差5分钟9点。圭部先生和我告别的时候，脸上恢复了血色。后来我听说，当第二天一早圭部先生出现在重庆酒店的餐厅和别的客人问好的时候，大家惊奇之余，只有两个字的评价：奇迹！"

王小惠真是创造了"反败为胜"的奇迹，也是"起死回生"的奇迹。这个奇迹，是一个中国女导游凭借自己高洁的职业良心和娴熟的职业技艺所创造出来的，它体现着一种平凡而伟大的精神。

2. 义务和职业习惯

（1）要忠诚守信。一个人成功和失败的分野，在很大程度上来自于不同的习惯，好习惯是开启成功的钥匙，坏习惯则是通往失败的门。旅游业员工要在职业实践中逐步养成履行职业义务的习惯。对职业忠诚、对企业忠诚和对客人忠诚，都是这一职业道德习惯中的组成部分。忠诚守信成为习惯，不仅能够以高尚的道德促进高质量的服务，同时也使旅游业员工在日常服务工作中能自觉地履行对企业和职业的责任。

2001年10月，李文浩接待了一个湖南的旅游团。这个团共有15个客人，除了两位70多岁的老先生，其余都是二三十岁的年轻人。客人在北京游览5天，第3天上午游览天安门广场。李文浩说："那天一早，我带团来到天安门广场，按照计划，客人们先去参观毛主席纪念堂。当时纪念堂已经有不少客人在排队了，我就让我的客人跟着排队。不到半个小时，客人都回来了，我心里纳闷，根据以往的经验，参观纪念堂至少需要一个小时。我注意到两个老先生的神情十分沮丧，其他的客人还好一些。我问客人怎么回事，两位老人默不作声，其他客人七嘴八舌地告诉我，因为纪念堂临时有活动，今天不开放了，排在后面的人都没有进去。这时我发现两位老先生难过得哭了，他们对我说：'这次来北京真不容易，活了70多岁了，一辈子只有这么一次机会，最大的心愿就是瞻仰毛主席的遗容，万万没想到没能看成。'他们宁愿在北京多呆几天。我看着两位老先生难过的样子，心里很不平静。难得两位老人家对毛主席怀有这样一份真挚的感情，我无论如何也不能让他们带着终生的遗憾回到故里去。我对其他客人说：'明天上午我们只有天坛一个景点，时间比较充裕，只要安排得当，抓紧时间，一个上午纪念堂和天坛大家都可以看到。大家看这样安排行不行？'年轻的客人们一致表示赞同。于是，第二天我们再一次来到了毛主席纪念堂。两位老先生如愿以偿地从纪念堂出来，拉住我的手，连声道谢，说他们一辈子再也没有什么遗憾了。看着他们激动的样子，我感到自己的内心很坦然，很充实。"

按照惯例，因不可抗拒的原因使客人没有参观到某个景点，可以不用再去。但李文浩还是想方设法带着客人去了，这就是一种更高标准的忠诚守信。旅游业员工的职业道德，要逐步向着高水平发展，所谓高水平，就是实现职业道德的习惯化。按照这种职业习惯，只要还有一线希望，就要尽力满足客人的合理要求。作为一名合格的旅游业员工，要使自己的思想感情自觉地朝着理解客人的方面转化，同时也把自己这种思想感情的变化融入自己的职业道德和职业习惯。

（2）责任和职业习惯。旅游业员工需要把职业责任感和民族自豪感结合在自己的职业习惯之中，在任何场合，都要注意把维护自己的职业荣誉和维护国家与民族的荣誉统一起来。只有这样，才能在为客人提供服务的过程中，做到自觉履行本职岗位的职责，才能做到自然而然地为客人提供高质量的服务。

陈女士有过一段在美国首都和自己的河南同胞的奇异接触，当时她的身份并不是这些河南朋友的导游，但是她却按照导游员良好的职业习惯行事，不仅从危难中解救了这些河南人，而且从容不迫地教育了他们。那是1996年，陈女士赴美国作业务考察。她说："当时我参观完毕，正要走出大门的时候，突然看见公路考察团的一名团员在点燃一根香烟之后，随手将用过的打火机扔在了地上。当时在场的美国游客和其他国家的游客无不侧目。我当即走上前去，对这位客人说：'美国国会山的地位相当于中国的人民大会堂，您怎么能在这里随地乱扔东西呢？'那人看了我一眼，说：'已经扔了，你想咋样？'我没有再说什么，弯下腰去，将被他扔掉的打火机捡了起来，扔进了不远的垃圾筒。这时他们一群人中间响起了一片笑声，有一个声音说道：'你们看呐，日后如果美国侵略中国，这个人一定是卖国求荣的汉奸。'那声音抑扬顿挫，就像当年中央电视台播的'漯河肉联厂，春都火腿肠'一般。真是令人气愤，陪同我的一位懂中文的美籍华人这时就要冲上去和他们理论，被我一把拉住：'他们已经做了错事，我们可不要再在美国人面前丢脸了。'我强压怒火离开了国会山。说来也巧，在我离开美国在洛杉矶机场办理登机手续的时候，又遇上了这一行人。他们愁眉苦脸，徘徊不定。我想他们一定是遇到了难处。一直陪同我的那位美籍华人劝我不要和他们打交道，说他们不讲理，但是我做不到见死不救。原来，他们的返程机票是候补票，原来预定的航班已经客满，当地陪同帮助他们找到的机位要分两批走：一批经日本回国；一批要先到夏威夷，隔几天再经日本回国。他们是公务考察，必须同一天回国，又没有在夏威夷住宿的经费（夏威夷的住宿费很昂贵），况且该团只有一名翻译，一旦该团一分为二，中途转机遇到的问题可就麻烦了。我询问他们谁是团长，站出来的竟是那位'你想咋样'的先生。我真是又好气又好笑，马上叫他到了美国西北航空公司的柜台前。经过查询，当日从底特律飞往北京的航班还有机位，但需要每人补交 20 多美元的票款。可是团长说他们今日回国，美元已经花得差不多了，只有人民币。于是，我又和美方做了好一番交涉，最后由美方开出了一张单据：美国西北航北京办事处的人到时会在北京机场等候他们，届时他们可以用人民币结算改票所需的费用。我把这些告诉那位团长的时候，他一脸感激之情，随后，那一行人都欢呼雀跃起来。我虽然最讨厌在公共场合大声喧哗，但是看到他们一个个满怀真情地和送我那位华人拥抱告别的情景，心里还是荡漾着轻松和自豪。"

旅游业员工是要讲一点"慈悲为怀，方便为门"的真功夫的。"慈悲"是思想道德的表现，"方便"却是行为习惯的自然流露，旅游业员工将职业道德融会贯通于行为习惯，那他的力量就大了。陈女士在异国他乡维护和树立了中国人的良好形象，为自己的同胞解决困难，这虽然不能说是一个出国考察团的导游的岗位职责，但却正是一个高素质导游人员良好行为习惯的具体表现。

二、耐心细致是旅游业员工重要的职业品质

1. 真情奉献，不遗余力

（1）从大处着眼，从小处着手。旅游业是个庞大的系统工程，是"食、住、行、游、购、娱"六大要素的有机结合，它的运行要与饭店、交通部门、餐饮部门、公园景点、商店、娱乐场所等各个方面发生各种各样的联系。有时，还要涉及有关政府部门、相关产业、科研部门以及社会其他方面，可谓千头万绪。但旅游业的运行，最终总是要通过旅游业员工的接待服务加以实现。因此，旅游业员工素质的高与低，服务态度的好与坏，服务质量的高与低，直接关系到企业的声誉和经济效益。旅游业员工的素质、态度和工作质量，是要通过实际工作中的具体环节和许多点滴的小事反映出来的，这就要求旅游业员工必须认清自己职业角色的地位和意义，从大处着眼，从小处着手。

杨申是北京神州国旅的外联兼导游员，曾经参加过对韩国残疾人"坐轮椅

游北京"访华团的接待工作，他认为：促成这件影响巨大的旅游活动的关键条件是对接待细节的成功处理。杨申说："那是一件很偶然的事情，我社接到一份传真，询问'北京是否有接待轮椅客人的带有升降梯的专用车，是否有适合轮椅客人住宿的饭店。'我对此做了专门的调查：北京博爱医院有一抬带有升降的残疾人专用车；自远南运动会之后，绝大多数曾经接待过残疾人的饭店都已满，一般一家饭店只留一两间供残疾人用的房间，不能接待团体。几经辗转，终于打听到港澳中心瑞士饭店有一层残疾人专用的房间。解决了车和饭店的问题以后，我们发给韩方一份十分详细的旅行策划书：不仅介绍了景点游览的线路安排，台阶多少、卫生间的位置和条件，残疾人专用道等情况，而且说明了专用车的出厂日期、座位数目、轮椅摆放的形式、升降梯的功能，以及饭店的宽度、卫生间扶手的位置、浴盆的高度，所有这些都配有照片，欢迎他们来北京考察。韩方人员在北京作了认真考察表示满意，回国后立即登广告组织客人，一个特殊的韩国旅游团不久就来到了中国。韩国残疾旅游者在北京受到了我社导游的热情接待和无微不至的关怀，他们游览了名胜古迹，品尝了中国菜肴，领略了风土人情，了解了中国的残疾人政策和残疾人的生活。客人们对这次旅游活动非常满意，许多人回国后纷纷在报刊上发表感想，介绍自己的中国之行，我们的筹备和接待活动获得了很大成功。事后韩方说，当时给中国的几十家旅行社发了传真，回答基本都是'没有残疾人专用车，没有接待大型轮椅旅游团的能力'，只有你们不但回答了问题，而且最终成行了。这家客户从此和我社建立了稳定的业务关系。"

杨申的成功在于认真缜密地把握细节，他把对客人、对工作的责任心和使命感逐一落实在接待工作的每一个环节和每一处细节中，实事求是，一丝不苟，哪怕是最细微的地方也不轻易放过，以保证万无一失的效果。杨申这次接待的是一个残疾人旅游团，情况特殊，要求严格，但是杨申对待工作的道德情怀、敬业精神和细致缜密的工作方法，是具有普遍意义的。

（2）事小情真。旅游业员工要把对职业道德的追求展现于接待服务工作的细节中，事无巨细，一定要以真情相待。在接待服务工作中，一定不要忽视小事和细节，要注意在小事和细节上维护客人的利益，用真情打动客人。

1988 年的夏天，导游周伟接待了一个美国旅游团。按照预定的计划，这个团乘坐的飞机应该在下午 5 点钟抵达北京首都机场，可是，周伟一直等到了晚上 9 点多，这次航班仍然没有任何准确消息。机场问讯处的工作人员说，这个入境航班随时都有可能到达，周伟便一直耐心地等待。时间一分一秒地过去了，到了午夜 12 点，航班仍然是没有消息。周伟心急如焚，还要继续等待，此时他似乎连需要进食饮水的感觉都没有，人也非常沮丧。又是几个小时过去了，飞机还是没有到来，周伟开始有些顶不住了。凌晨四五点是最难熬的时候，人又饥又渴又困又乏，但是他还是挺了过来。太阳升起来了，又开始了新的一天，飞机总算是有了确切的消息，周伟的精神也仿佛得到了一点恢复。9点，在距离预定抵达时间16个小时之后，这架载有那批美国客人的飞机终于降落在首都机场。"当时我明显地感觉到了自己身体的不适，但是仍然强打起精神，迎接客人并马上开始了后面的行程。接到客人以后立刻去故宫游览，那天烈日当头，天气燥热，我由于极度疲劳，脑子一阵阵地出现空白，讲解也是时断时续，后来还差一点晕倒在地。客人们看到这种情形，反复询问我究竟是怎么一回事，当他们知道了真实情况以后，全体客人一致要求立刻去饭店，并且自愿放弃下午半天的游览，让我好好休息，并且对我的行为作出了很高的评价。我当时感动得流下了眼泪。我实在没有为客人做什么分外的事情，只是尽心履行了一个导游的职责，能够换来客人们如此理解和评价，我真是非常知足。这件事都过去十几年了，可是当时的那一幕情景依然历历在目，令我难以忘怀。"

这是一件小事，但是其中浸透着导游对客人的一片真情。导游员对客人、对工作真情奉献的程度，是和导游对自己职业道德理解与把握的程度分不开的。

2. 站在客人的角度理解自己

（1）理解发脾气的客人。旅游业员工经常会碰到客人发脾气的情形。一般说来，客人出门在外，心理压力要比平时在家里的时候大一些，一旦遇上不顺心的事情，胸中的郁闷也不大容易找到适当的排遣方式，此时如果再受到刺激，情绪失去控制，发发脾气也是情理之中的事情。对此，旅游业员工要给予充分的理解，要正确地对待发脾气的客人，用自己高水平的职业品质恰当地处理事情。

向逸鸿至今还和两位无端对自己发脾气的客人保持着联系。2000年夏天，他带过一个江西的旅游团，客人对观光游览过程中的一些事情似乎比我带过的其他客人要更计较一些。如果从地区经济发展的不平衡来说，这其实是不难理解的。也正是因为考虑到了这一因素，他对这批客人还是多有照顾的。那天我安排客人用午饭，他先在几张桌子边转了一圈，确认没有什么问题了，这才回到自己的位置上去吃工作餐。突然，大厅里传来了两位男客人的高声怒骂："这叫什么菜呀？简直像猪食！你们导游真是黑了心了，竟然安排我们吃这样的饭菜。"他闻声赶紧起身到了客人那里，询问是怎么一回事。一个40多岁的男客人指着一盘饭馆里常见的炒菜对他说："你看看，这叫人怎么吃？你们就拿这样的菜来糊弄我们，收了那么多的钱，就让我们吃这些东西？"他看了看那盘已经吃下去了相当一部分的菜，平心而论，那菜的色香味形确实不能算是上品，然而如果以客人用餐的那个档次的餐馆来说，也并不是根本说不过去。一起用餐的其他客人都不说话，只是由着这两位男客人宣泄。责任虽然并不在他，他心里虽然觉得很别扭，还是把那盘菜换了，又为每一桌加了一道菜。事后那两位客人对他说，他们心里有火，借题发挥罢了。他问他们火从何来，他们就七嘴八舌地说起来：有嫌吃的贵的，有嫌住的差的，有嫌花销不值的，有嫌购物时间长的，各种抱怨像组合拳似的向他抢过来。他硬着头皮听完了两位客人的牢骚，还没等他的情绪波动，客人的情绪却似乎好转了起来。待到他把其中的原委解释清楚，并同意对后面的行程做出适当的调整，客人已经完全恢复正常了。

旅游业员工要关注客人在发脾气之前的心理活动，既要注意直接引起冒火的导因，又要深入分析引起客人不满的深层原因。客人发脾气是对旅游业员工的工作表达不满的一种方式，同是也是一种关注。天下没有不"挑剔"的客人，正如天下没有能让客人完全满意的服务一样。旅游业员工从自己的职业道德的方面来认识问题，就应该看到，客人对自己接待服务工作的挑剔、不满、乃至发脾气，是一种正常现象。客人的发脾气，虽然从不同的方面或不同的程度反映了客人对接待服务工作的不满意，但从另一个侧面来看，也反映了他们对旅游业员工的重视和依赖。因此，旅游业员工要正确认识这种矛盾现象，因势利导，改进工作。

（2）关注细节。关注细节是旅游业员工职业道德的一个基本要求。旅游业员工在接待服务中，对于客人的情况，从身体到精神，从外在的需求到内在的感受，自始至终都要认真予以关注。应该努力做到无微不至。

小文是一家宾馆里的客房服务员，一次经历使她深深了解了关注细节在服务工作中的重要性。2001年6月的一天中午，小文照例去几个房间做清洁服务，当小文进入208房的时候，发现房里的那个台湾老太太在蒙头睡觉。小文照惯例问了声好，老太太回应了一句，原来老太太没睡着。按照惯例，小文做完清洁就可以走了，但小文注意到老太太的声音和前几天有点不一样，于是边做清洁边和老太太攀谈。谈着谈着老太太坐了起来，小文发现她精神不大好，于是就耐心地询问。老太太满脸泪水，似有难言之隐，在小文耐心的安慰和开导下，终于问出了究竟。原来，老人家是和她的乡亲出来到大陆观光的，出门的时候，老太太就患牙疼，一路上，牙疼得越来越厉害，最后竟然发展到不能吃饭，痛苦难挨。老人家身边没有个亲人照顾，又担心说出来以后别人嫌她多事，以后不再带她出来旅游，所以就一直忍着。俗话说，"牙疼不是病，疼起来要人命"。小文让老人张开嘴，仔细地看了看，发现她右上边的白齿已经坏了，牙龈红肿，不能再拖了。于是，小文嘱咐她多喝开水，注意休息，并安慰老人一定去医院看医生。下午交班以后，小文就带着老人去医院看急诊。医生说，老人牙疼，不能拖延，否则有可能引起严重后果。于是，拔牙、打针、取药，一直忙到深夜1点多钟才把事办妥，待到小文把老人送回宾馆，自己回到家的时候，已经是凌晨3点了，第二天，小文再见到老人时，她的笑容又回来了，情绪好多了。

老人牙疼，又不声张，如果没有对客人进行细致的观察，是发现不了的。旅游业员工要关注工作中的细节，要努力掌握"见微知著"的本领。当然，关注客人的问题，目的是帮助客人解决这些问题，而不是仅仅为了证明自己的洞察力，因此一定要坚持动机和效果的统一。小文正是由于对客人细致入微的观察，才发现了客人的问题，并用自己的业余时间帮助客人解决了问题，她的举动，当得起"高风亮节"这四个字。

三、端庄豁达是旅游业员工应具备的外在气质

1. 庄重、豁达

（1）不要抱怨客人。旅游业员工在处理客我关系的时候，一条重要的准则就是不要抱怨客人。在客人可以自由选择的范围内，要尊重和服从客人的选择，同时又要指导和帮助他们作出最有利于自己的、最为满意的选择。要做到这一点，就要善于把自己作为服务者的身份和作为专家的身份结合起来，为客人提供积极正确的引导。即使发生了由于客人的原因而产生的问题招致了客人的误解和不满，迁怒于自己，也要坚持正确的选择，绝不要抱怨客人。

和许多导游曾经经历过的一样，林小姐也遇上了这样的事情。"那是一个炎热的夏天，我带一户华裔日本家庭在北京游览。他们一行4人，其中有中年夫妇两人，一个6旬的老妇和一个5岁的男童。我在整个接待过程中，认真讲解，热情服务，照顾老人和孩子，一直是尽职尽责的，和这一家人一直相处得很好。第3天，社里通知我，这户人家的一位中国朋友明天要和他们一起游览观光，我自然是热烈欢迎的。转眼到了第二天的早上，新客人来了，这是一个身高192厘米的先生，我向他问好并表示欢迎。寒暄之后我了解他是一位专业运动员，下午游览之后还要乘火车回队训练。这位先生背着一个硕大的背包，我劝他把包存放在饭店，这样方便游览观光，但是他没有同意。上午，我们游览了风景如画的颐和园，客人们兴致极高。我曾经3次试着要求替那位先生背背包，他对我表示感谢，但都没有同意。我看了看他的包，装得很满，但仿佛并不重，估计是一些衣裳和杂物，然而他除了吃饭，几乎总是包不离身。我想，那里面可能有什么贵重的东西，交给别人不方便，便不再提替他背包的事了。下午游览香山，我提醒客人看好自己的东西，以防丢失。游览中，我发现这位客人的精神较上午要差一些，背上的包显然也沉了许多，但还是有说有笑，我犹豫再三，终于没好再提背包的事。这件事情就这样过去了。送客人的时候，我向他们做了真诚的道别，正转身要走的时候，这家的主妇叫住了我，她脸上的冷漠的表情是我第一次见到。我以为发生了什么事情，正要询问，只听她说：'林小姐，这几天你对我们一家人的接待服务很周到，我和我先生很感激你对我的母亲和我们的孩子的照顾。但

是，那天你让我的朋友背着那么重的背包爬香山，后来影响了他的训练。'说着，她拿出一个信封，在手上拍了拍：'这是原来准备给你的小费，现在看来就不必了吧。'说罢扬长而去。当时，我的心里真像是倒了五味瓶，那滋味无法形容。可是事后我还是想明白了，那个客人对我的批评是有道理的，接受和消化批评将有利于改进我的接待和服务工作。"

旅游业员工有时候会遇上这样的客人，他们不听正确的引导和劝告，固执己见，一意孤行，等到自己上了当，吃了亏，受了损失，方才明白。面对这种情形，旅游业员工千万不要幸灾乐祸，也不要因此而感到得意，要以宽阔的心胸对待客人的抱怨和批评。作为旅游业员工，任何时候都不应该忘记，自己肩负着为客人无条件提供正确引导的职责。

（2）处变不惊。旅游业员工要善于调控自己的思想和情绪，在任何情况下都不应该表现出惊慌失措、焦躁不安、鄙薄厌恶、一筹莫展等情绪。越是处在复杂、困难、不利的条件下，越要镇定自若、从容不迫，以自己良好的情绪控制局面，争取客人的理解和支持，促使事态向着有利的方向发展。

包先生是上海某旅行社的一位老员工。2003年初，上海一家网络公司找到他，要求旅行社在上海郊区找一个度假性质的宾馆，他们要进行年终总结会，活动安排60～80人，要体现少花钱，多办事的原则，就餐含酒水，住宿含娱乐，要豪华空调车接送，等等。包先生将最优惠的报价传真给了对方，得到了对方的认可，于是立即着手进行接待准备。可是到了开会那天，客人却来了不到30位，包导游追问原因，网络公司办公室的一位女主任回答说："对不起，包先生，今天公司要赶一项紧急任务，所以只能来这些人。"并且告诉他："今天来的员工中有三位过生日，还请包先生免费为我们提供三个生日蛋糕，这是他们的姓名。"老包听罢，像是挨了一闷棍，对女主任说："您的吩咐，我都照办了，增加蛋糕也没有问题。但是，我社来了两辆大客车，预定了80人的宾馆住宿和餐饮，您却只来了不到30人……"女主任听懂了老包的意思，打断了他的话头："实在不好意思，我们真是有任务，来不了80人，对不起，下次一定注意，OK？"老包心想，这下可要赔了，但是他并没有表现出着急。他冷静地对预先部署做了调整，让一辆车先回去了，通知宾馆人数有变，又预定了三个蛋糕。一车人几乎都是网络公司的年轻人，精力充沛，平时又难得如此相聚，所以一路上说笑打闹不断，老包不想扫他们的兴，便在一边思考后面该怎么办。他忽然想到，这么多年轻人吃三个蛋糕会不够吃的，于是萌生了一个想法。在宾馆安排好客人之后，老包又特意追加了三个大号的蛋糕。客人们用过晚饭，有的去打保龄球，有的去游泳、桑拿，老包利用这段时间，乘出租车取回三大三小六个蛋糕，并布置好了会场。晚上九点半，公司老总作完了总结报告，宣布生日晚会开始。音乐响起，三位过生日的员工各自站在写有自己姓名的蛋糕前致了谢辞，吹灭了蜡烛，此时大家蜂拥而上，仿佛动手晚了就吃不上蛋糕似的。老包抓住时机，拎着三个最大号的蛋糕走上前来，对着背对着自己正在抢蛋糕的青年朋友说："大家别急，我们把写有姓名的蛋糕让寿星们享用，大家来分这三个更大的蛋糕吧！"众人转回身，平静了一秒钟，一下子欢呼起来，许多员工高呼："包导游万岁！"晚会就此达到了高潮。就在员工分切蛋糕的时候，女主任走过来向老包表示感谢："你真是善解人意呀。"老包再次向她提出客人不足预定人数，可能造成旅游公司经济损失的问题，这位女主任心领神会，对老包说："我去和老总汇报一下，估计问题不大。"后来，问题果然得到了圆满解决，包导游的这次活动不但没赔本儿，还有两千多元的赢利。

（3）遇事要先冷静。遇事冷静是旅游业员工必备的一种职业品质。旅游业的工作涉及方方面面，千头万绪，有时出现一些突发事情是不可避免的。在这种情况下，只有先冷静下来才好想办法，要是着急上火，事情只会越搞越糟。

导游吴芳在 2002 年五一节的时候带过一个安徽旅游团，其中一位女客人游故宫的时候带着孩子购物掉了队。正是节日期间，故宫里人山人海，一时找不到人也是难免的事情，后来还是吴芳把她找了回来，并且向她诚恳地道了歉。但是这位女客人对这件事一直耿耿于怀，不能原谅。吃中午饭的时候，菜刚一端上来，这位妇女突然站了起来，愤愤不平地说："不吃了，我咽不下这口气！"她拉着孩子在餐厅里破口大骂起来。吴芳努力克制自己，使事态没有进一步扩大，总算使客人们勉强把中午饭吃完了。谁知上了车，这位女客人还是不依不饶，高声向其他游客讲述她上午在故宫里的"遭遇"和"感受"，说自己找了一个多小时没有找到队伍，大人急，孩子哭，其实也是其他客人已经知道了的事情。后来，这位客人又要用吴芳的喇叭来说话，吴芳也给了她，可她嫌那喇叭脏，弃之不用，直到最后讲得声泪俱下，泣不成声。吴芳从心里同情她的"遭遇"，内心也充满着自责，所以任由客人宣泄情绪，直到客人说得疲劳了，厌倦了。对于吴芳的工作，其他客人是看在眼里的，所以没有一个客人跟着起哄，这使吴芳十分感动。待到女客人的火气消了，吴芳再一次向她道了歉，客人也觉得自己再闹下去就不合情理了，终于作罢。吴芳自始至终没有因为那位女客人发脾气而怠慢了她们娘俩。

吴芳做得对，也做得好。客人无理发脾气的毕竟不多，闹得出了格的就更少了。不管是导游、还是饭店宾馆的服务人员，要是碰到了这种事情，都要珍惜这种检验和锻炼自己脾气秉性的机会。正确处理这种事情，也是为自己、为企业、为整个旅游业做宣传的好机会。每一个旅游业员工必须认真从我做起，以自己的爱心和勤勉，以自己的温、良、恭、俭、让，为客人提供优质的服务。

2. 精益求精

（1）勤能补拙。随着中国对外改革开放步伐日益加快和旅游事业的不断进步发展，旅游业的接待服务工作也在逐步发生着变化，这种变化可以概括为工作范围的扩大和服务质量要求的提高两个方面。为适应接待服务工作发展的需要，旅游业员工要努力扩大和充实自己的知识面，努力把同自己特定的服务对象相关的那一部分专业知识弄懂弄通。要做到这一点，需要职业道德的带动和支撑，需要在敬业特别是在"勤"上下工夫。

某旅行社的导游郑菲总结自己开拓新领域的经验："从外行向内行的过渡和转变，有快有慢，究竟如何，关键是看自己的努力程度。"郑菲从事导游工作已经6年了，原来一直做普通团的接待工作，近两年由于工作的需要，专门负责接待来中国领养孤儿的外国人。这样的客人，在中国逗留期间也有一些观光游览活动，但是他们来中国的主要目的是选择、确定自己要认领的儿童，办理相关的手续。这些外国客人，大多数来自发达国家，年纪不同，文化水平也不同，但是有一点是基本相同的，他们大多是第一次为人父母，缺乏带孩子的经验。郑菲在接待工作中有着切身的体会，作为接待这类特殊客人的导游，需要具备有关婴幼儿的基本知识，这样才能为客人提供实实在在的帮助。郑菲说："我接待过不少这样的客人，初为父母非常兴奋，可是缺乏照顾婴儿的经验，有的连如何抱孩子都不会，遇上孩子吃不好睡不好情绪不好，或者生病，常常是急得束手无策。说实话，起初我也是想帮助他们，但是许多事情却帮不上他们。我虽然有带孩子的经验，但是对于婴幼儿的营养和养育，常见的小儿疾病，婴幼儿的心理现象等问题，还谈不上有什么知识。于是，我有针对性地买了一些书籍，刻苦钻研。平时注意从报纸杂志上搜集有关婴幼儿的知识，用做剪报的形式把这些知识积累起来。为了便于和客人做交流，我还有意识地补充了与婴幼儿以及小儿的医药相关的英文和拉丁文的词汇。这些知识，对于提高我的接待服务工作水平，起了重要作用。我运用这些知识，在旅游的途中，区分客人接收孩子之前和之后的不同情况，适时地为客人讲授一些育儿知识以及一些幼儿的心理知识，及时提醒他们为孩子增添衣服，这些举措，对于保护那些婴幼儿的健康，缓解客人第一次带孩子时的紧张心理，避免因为准备不充分而闹出笑话，都是起了很好的作用的。"

"勤能补拙，一分辛苦一分收获"，这句话是千真万确的。郑菲的事迹，只是涉及中国领养孤儿的客人这一情况，但她的敬业和勤业的精神，却是适用于整个旅游业的。旅游业员工要真心诚意地为客人做一点贡献，没有牺牲奉献精神做支撑，不拿出业余时间做保证，是不可能的。

（2）坦诚地面对自己的过失。旅游业员工对自己的本职工作精益求精，除了要全力以赴地提高自己的接待服务质量，还要注意坦诚地面对自己的过失。只要我们全心全意为客人服务，尽自己最大的能力为客人提供优质服务，就应当相信客人能够准确认识和鉴别我们的过失，相信客人能够全面、公正地评价我们的工作。

蒋女士连续 5 年为两对日本夫妇的中国旅游提供了接待服务，陪着这四位日本客人游历了北京、上海、洛阳、西安、桂林、昆明等文化名城，走过了三峡、丝绸之路等著名旅游线路，这种连续 5 年接待回头客的成功实践，在导游中是不多见的。据蒋女士说，她在第一次和这 4 位日本客人分手的时候，不仅没想到客人来年还会请她继续担任他们的导游员，还在担心自己可能会遭到客人的投诉呢。"那是 6 年前，我接待了这 4 位日本客人，他们是两对中年夫妇，行程是北京—西安—北京，然后从北京回国，我负责北京方面的导游。客人在北京一共待两天，但是我和他们真是有一见如故的感觉，自始至终相处得非常好。两天的观光游览，我向客人们介绍了中国的文化，特别是介绍了北京的自然景观、历史典故和风土人情。客人在北京过得很好，玩得非常开心。我也感觉良好，那真是一种不多见的感觉。我和客人从认识到相知，到成为知心朋友，多么不容易呀！说实话，我当时有一种很强烈的成功感。其实，这也是我最容易出差错的时候，因为我有点飘飘然了，各方面自然也就放松了。客人离开北京的那天是乘坐早上的航班，要在早上 6 点钟离开饭店。旅行社特意为我开了一个陪同床位，为的是让我照顾好客人，安排好结账、送行和用早餐等事宜。本来是好事，但是第二天早上，我起晚了。不知道为什么，闹钟响后过了很久，我竟然没有醒来。客人早已坐在车上等候了，我才被司机从睡梦中叫了起来。我当时的感受很难用语言形容，心里乱糟糟的，爬起身来，脸没有洗，只是简单地梳了梳头，就窜上了车。我心里想，九十九拜都拜过了，最后怎么竟坏在了这一哆嗦上面呢，真是不应该。我没有去编织什么善意的谎言，而是向客人真实地说明是自己睡过了头。我以为客人一定会指责我的失职行为，没想到他们笑着对我说：'这些天你也的确辛苦。我们出发吧。'过去只是在文章里看到的那种流遍全身的暖流，我当时真的感觉到了。到了机场，我向客人深深地鞠了一个躬，郑重地表示了我的谢意和歉意。后来的事情，就像开始时所说的那样，第二年他们又邀请我做他们的导游员，此后一直持续了 4 年。"

蒋女士的故事耐人寻味和值得深思。坦诚是旅游业员工应有的职业品质和气度，这种品质和气度是能够感动"上帝"的。人非圣贤，孰能无过，过则能改。在客人面前坦诚地揭示自己的过失，要比那种自欺欺人、胳膊折了往口袋里藏的举动高明得多。

四、旅游业员工应具备团体精神和大局意识

1. 履行责任、团结协作

（1）积极向内行学习。旅游业员工要做好工作，就要积极认真地向一切内行学习，学习他们的好思想、好作风、好经验、好做法，学习一切好的和有用的东西。论学习的对象，内行的范围要比同行大，旅游业员工不仅要注意向同行中的内行学习，也要注意向其他内行人学习。

魏馨兰现在已经是一个成熟的导游了，但是她却一直记得刚刚开始带团时的经历，记着那些向自己毫无保留地介绍经验的司机师傅，她把这些司机师傅称为自己的老师。魏馨兰说："我第一次带团的经历可以用狼狈不堪来形容。那次，社里给了我一个10人的小团，团员们都是浙江一个小学的老师，总共8天时间，北京4天，承德和北戴河各两天。我拿到计划以后，左看右看，兴奋得差点睡不着觉。可是一接到客人，我的心里全乱了。从机场到饭店，一个多小时的路程，我手里拿着麦克风，根本不知道该说什么，因为我早就将自己提前准备下的那几句话说完了，所以就一直那么干耗着。事后，司机对我说，你不要紧张，要把话说得慢一些。去长城那天，路比较长，我把话说尽，只好提前讲到景点，本以为可以过关，结果因为心里紧张，加上是第一次在大庭广众说这么多的话，思维有点混乱，讲着讲着，竟连自己在讲什么也不知道了，最后还是司机为我打了圆场。在我刚刚开始带团的那些日子里，我从合作的司机师傅那里学到了很多东西。这些司机，和许多导游员合作过，他们不仅了解导游的工作程序和技巧，尤其可贵的是他们经历过许多导游员处理紧急情况的过程，有许多丰富的间接经验。这些东西，对司机的直接作用并不大，但是对于导游员的用处却是很大的。所以有一段时间，我一下团就和司机切磋交流，向他们请教各种问题。这种学习经历，对于我迅速走向成熟是起了重要作用的。那段时间，我每带一个团，总要请司机对我在各方面的表现做一个综合评价，特别是要请他们指出我的不足。直到今天，我依然记得当年许多由司机为我做出的点评。比如，有一位已经记不起姓名的司机点评我的带团工作时所说的：'你肯用力，但更要肯用心；用力可以使你合格，加上用心才能使你优秀。'这一条意见，我一直记在心里，至今依然让我继续受益。"

从魏馨兰的经历中我们可以看出间接经验的重要性。中国古代有"闻知"和"亲知"的学说，重视和强调"亲知"，却并不轻视和排斥"闻知"就是指间接地获得经验和知识，好似人获取知识的主要途径。旅游业员工的经历是有限的，无论是在职业技术方面还是在职业道德方面，不可能从自己的直接经验中获取全部的东西，因此必须重视虚心向他人特别是向内行的学习。就是要学孔子的

"每事问"的精神，要做到"敏而好学，不耻下问"。积极学习一切内行的一切好的东西，用以充实和改善自己，这是导游员提高自己综合素质的必修课。

　　(2) 各司其职和互相配合。每一位旅游业员工的工作都是全部旅游接待工作的一个必不可少的环节。对于一家旅游业企业来说，一切经营利润最终要来自客人，而客人最终要由旅游业员工来接待，换句话说，旅游企业的一切经营利润最终要由广大员工来落实。因此，每一位旅游业员工都要有超越自己工作范围限制的意识，要看到自己工作质量对自己所在企业的影响，这是旅游业员工的大局意识的起点。

　　向晓霞带过一个湖北旅游团，至今印象还很深。她说："我带的那个团真有点儿奇怪，一路下来非常顺利，行程中的大多数景点都走遍了，就差最后一个景点——碧云寺。我们到达碧云寺山下的时候，天气很燥热，全陪来过此地，一路上又没有什么事情，所以就提出不上山了，要在山下停车场休息一会儿。我哪想到过了一会儿就要出事，就同意了。到了香山公园的门口，问题出来了，碧云寺是香山的园中之园，去碧云寺要买进香山公园的门票。这下我可是为难了，我以前带客人游碧云寺，都是连同香山一起游览，这一回的客人却只是游览碧云寺一处，然而不买香山的门票进不了碧云寺的山门。让我犯难的是这笔钱应该由我们社里出，还是该由组团社来出，或是该由客人们出。偏偏全陪没有上来，又联系不上。于是，我请示社里，经理不在，值班的告诉我，按计划这笔钱不该由我们社出，让我向客人收。这下可坏了，客人一听说要收钱，马上就翻了，说这是我们预谋的。这个说：'难怪全陪不上山呢，敢情是商量好的呀！这是要套我们的钱呀。'那个说：'钱早就交了，为什么还要再收钱，这不是坑人吗？'还有的说：'你们早知道进不了公园，先收了碧云寺的钱，再来赚我们交香山的钱。我们不交，你能让我们跳墙进去吗？'有几个客人越说越气，指着我的鼻子破口大骂：'你知道吗？你就是一个大骗子！'我当时委屈得眼泪直在眼眶里打转。可是为了工作的大局，我没有和客人争辩，而是自己先垫了钱买了门票，带着客人进去游览。后来很多客人向我道了歉。但是我的心里很不平静，如果对方组团的时候就解决了园中园的门票问题，如果全陪跟着上来，如果我提前想到这层门票问题，或是我从一开始就先用钱垫上门票，问题就是另一种情况了。我感到庆幸的是，我还是尽到了自己的职责。"

　　客人进不了园子，发脾气，骂人，那是不应该的。然而发生这样的事情，责任并不在游客。一个明智的导游，这时候不应该为解决这样的事情而和客人争辩，而应该先解决现场的主要矛盾，先安排客人进园观光，向晓霞就是这样做的。至于企业之间如何划分责任的问题，旅行社内部怎样协调一致的问题，都不应该也没有必要当着客人的面来进行，这就叫做"内外有别"。

（3）大局：细节和关键。旅游业员工在工作中的大局往往系于两个方面的问题，一是对细节的处理，一是对关键问题的处理。衡量旅游业员工工作的好坏，也要看能否把握好接待服务工作中的细节和关键。旅游业员工重视职业道德，就要处理好本职工作中的各种细节，在细腻的工作中表现自己的服务水平，到了关键时候，要能够挺身而出，力挽狂澜，维护企业和客人的利益。

朱先生是1997年参加导游工作的。"我在北京接了几个地陪任务后，领导就叫我带团去九寨沟。我当时真是激动万分，领导的信任加上九寨沟的美景，对我这样一个年轻导游来说简直是梦幻一般的机遇。但是当时我的确没有想到导游工作并不是只有我想象的美好，还有其他许多内容。我要在九寨沟待上一个多月，先后接待三批从北京来的客人。说实话，我内心还是紧张的，毕竟是第一次嘛。客人到九寨沟，要先在成都住上一晚，第二天一早出发到松潘。松潘虽然只是一个县城，却是到九寨沟旅游的必经之地。客人在松潘住一晚后，再从松潘出发进入九寨沟。客人走这一路，吃喝住行的条件可以说是一天不如一天，尤其是进入九寨沟以后，条件就更差一些。我向客人进行了解释和说明，并提醒他们注意安全。客人们非常理解，对于条件的好坏并不挑剔。客人们进入熊猫海之后，立刻被那里的美丽景色迷住了。我们走到湖边一处十分幽静的地方，一棵倒卧在水中的大树，很吸引人，顺着大树走向湖心，仿佛可以走向蓝天白云一般。几个客人无论如何听不进我和地陪的劝阻，顺着那棵大树走向湖心，有一个客人还用瓶子去捞湖中的小鱼。那树干上生满了青苔，表皮很滑，只听扑通一声，那位捞鱼的客人掉进了湖里。湖水虽不很深，客人却不会水，在水中拼命挣扎，情况十分危险。我当时顾不上再想别的，拨开围观的人群，跳进湖里救人。我的水性不错，努了一把力，总算把客人救了上岸。还好，客人没有受伤。当时正是盛夏，我俩衣服上的水很快就干了。但是，我发现自己的小腿上被树枝划破了一个口子，慢慢地还肿起了一个大包。当时九寨沟里还没有医院，我就用盐水清洗伤口，一直坚持到返回松潘。接待后两批客人的时候，我特别注意了客人的安全问题。那次带团，是我当导游员以后经历的第一次洗礼。"

尽管朱导游把他的故事说的那么平淡，但是我们还是能够从中感受到跳进湖水中解救客人时的紧张激烈。旅游业的员工，不管是导游员还是其他部门的员工，都应该向朱先生这样，临危不惧，奋不顾身，和需要解救的客人、需要帮助的客人共进退。要说大局，这也是大局。

2. 树立大局意识

（1）要树立"一盘棋"的观念。旅游业的工作需要通过高度完善的科学管理体系来保证每一个具体阶段和具体环节的正常运作。其中每个员工都是整个接待服务工作过程中的一个具体环节和阶段。因此，每个员工的职业道德中要特别强调自觉树立"一盘棋"的观念。

　　导游员曹文东的经历充分说明了旅游业员工树立"一盘棋"观念的重要性。"记得 2001 年 6 月，我正在家中休假。突然接到部长的紧急电话，告知我有一对日本夫妇从西安过来，刚刚到北京，才游览了半天，就强烈要求更换车辆、更换导游。客人在晚餐前回饭店休息，而我需要在 30 分钟以内西服领带着装整齐并且跑过半个北京城赶到中国大饭店。多年的实践锻炼，我已经习惯了招之即来的工作方式。只是时间紧迫，来不及细问客人为什么要换导游员。我及时赶到饭店，见到了那对日本夫妇。客人是一脸冰霜，看样子不是脾气随和的日本人，又正在气头上，我得找到一种打交道的合适方式。说实话，当时我的心里是很窝火的，天气这么热，我的休假取消，心急火燎地赶到此地来代人受过，还要想方设法地让客人转怒为喜，难度之大，可想而知。但是，我是一个导游，我同时也感到了自己肩负的责任。无论如何，客人是无辜的，我不能让客人感到委屈。再说，已经换了一个导游员，我要是再使客人不满意，社里的牌子可就真要砸了。在征得客人同意之后，我首先及时调整了游览计划，让劳累的客人先行休息，同时也好调整恢复旅游的心情。在以后的几天里尽管我明明知道带这个团肯定是义务劳动，但是我仍然积极主动，拿出自己最好的状态为客人服务，我只是希望我的努力能够感动客人。果然，功夫不负有心人，客人从一开始对我的话很少回应，到后来简直是无话不谈。最后一天送机前，我带客人去了秀水街，客人始终是高高兴兴的。我终于圆满地完成了自己的接待工作。最后分别的时候，客人感激我和司机，给了我们小费（日本客人一般是不给小费的）。一个月后，客人寄来了信和与我的合影，信中详细介绍了投诉的原因。原来，客人在西安遇上了车祸，旧疾复发。到了北京以后，第一位导游不看情况，仍去商店。到了商店，客人又找不到他，所以当时一下就炸了。"

　　曹文东救场如救火，体现了导游员应有的大局观。在旅游业中，导游员是一个十分重要的职位，每一个导游员在自己负责的具体阶段和环节中，都浓缩了整个旅游接待服务过程，都将给客人留下一个完整的印象。试想一下，游客如果连续在几个地方遇到少数几个黑心导游员违法违纪的接力赛，那将对整个中国的旅游形象产生什么样的恶劣后果。因此，导游员应该牢固树立"一盘棋"的观念，从大局出发来看待问题。

　　（2）大局就在本职工作中间。旅游业员工的职业道德体现着个体道德和社会道德的统一。每个旅游业的员工都要有从自己本职工作中认识大局、服从大局、维护大局的思想境界和工作能力。我们平常所说的"识大体、顾大局"，就是指这种思想境界和工作能力。

　　苏小姐做导游的时间不长，她是一个腼腆的人，开始带团的时候在客人面前一说话就脸红，后来经过自己的不懈努力，练就了在客人面前从容不迫、侃侃而谈的本领。她总结自己的基本经验有两条：做导游员一是要重视职业责任，二是要追求对自己整体水平的不断超越。她说："导游都想带好团，这就需要不断地超越自己。我是带英语团的，我认为，要想带好一个旅游团，首先要了解客人。单知道客人的国籍是远远不够的，还要了解客人所在的国家的背景，从地理历史、政治经济，到有什么特产和体育强项，等等，了解得越准确，越详细，就越好。带团的时候，要观察客人的兴趣爱好，既要有活跃气氛的一般性话题，又要有针对客人个性需求的特殊话题，针对不同类型的客人，安排不同内容和不同层次的讲解，同时还要注意讲解的不同风格。比如带英国团，针对他们比较矜持和含蓄的特点，导游不但着装不能太随便，还要斟酌讲解中的措辞，避开诸如王室一类客人敏感的话题，从而给客人留下一种成熟稳重的职业化形象。带美国团就是另一种情形了，美国客人一般比较开朗大方，话题不限，着装上也可以休闲一些，随便一些，倘能正确运用美音俚语，会使客人感到十分亲切。导游员为了让客人充分信任自己，要运用自己的文化知识和业务技能去吸引和影响客人，同时也要运用适当的方法亲近客人。导游追求凭借自己的人格魅力来吸引客人，特别是对于那些容易使人忽略的细枝末节，往往是导游展现自己职业道德的关键所在。比如，帮女客人提一提沉重的箱包，换扶一下年老体弱的客人，经常对客人进行必要的提醒，等等，导游员的服务不在大和小，关键在于通过自己有效的服务工作展现出自己真诚的服务。当然，一旦客人有困难，遇到了麻烦，导游自然要挺身而出，为他们排忧解难。一个好的导游，要努力做到眼里有'活'，要以一种超越自我的眼光来发现和处理工作中的细节。"

旅游业员工的大局意识通常体现在两个方面，一个是服从意识，一个是超越意识。无论是服从意识还是超越意识，都体现着被动和主动的统一。一般说来，服从意识中的受动性要多一些，也比较容易做到，要使自己做得更好，旅游业员工就要高度重视服从意识中的自觉性和主动性。超越意识是一种更高层次的大局意识，超越意识就是要有不断提高自己的综合素质、不断提高自己本职工作的质量、不断追求做出更大行业贡献的自觉追求。要做到这一点，是比较困难的，所以需要旅游业员工付出加倍的努力。